英国流「自分に似合う」住まいの作り方

THE BRITISH STYLE
HOW TO CREATE A HOME THAT SUITS YOU

1人の時間も、みんなとの時間も、豊かで楽しい

テート小畠利子
TATE KOBATAKE Toshiko

大和出版

「英国流」のエッセンスで、暮らしが180度変わる！

はじめに――

あなたは、「英国流の住まい」にどんなイメージを持っていますか？

広大な自然の中に住むピーターラビットが暮らすような、かわいいコテージ。
映画『パディントン』がロンドンで暮らしたブラウン家のような素敵なお家。
アフタヌーンティが似合うおしゃれな庭。
アンティーク家具がたくさん詰まった重厚感あるインテリア。

でもそれを自分の住まいに取り入れると考えると――。
なんだか難しそうだし、お金がかかりそう……。
賃貸だし、大掛かりなことはできないから無理……。

そんなふうに思っていませんか？

でも実際は、どんな住まいでも「**英国流**」を取り入れることができるのです！

必ずしも大枚をはたく必要はありません。賃貸物件でも諦めないでください。

では、具体的にどうすればいいのでしょうか？

これから、その秘密を解き明かしていきます。


私はロンドンに住み、今年で30年。22年前に会社を立ち上げて、イメージコンサルタントとして活動しています。起業してからは、世界各国からいらっしゃるお客様のイメージアップや、自分に似合う色や装いを見つけるお手伝いをしてきました。

自分に似合うものがどんなものであるかが明確になると、服を買うにもコーディネートするにも楽になり、ますます自分のことが好きになっていくものです。

それは自信にも繋がり、日々の生活や交友関係にもいい影響を及ぼします。

服は自分の一部ですから、決してないがしろにするわけにはいきません。


長年この仕事をしてきて、あることに気づきました。

それは、服と同じように、私たちの「住まい」も自分の一部であるということ。

毎日暮らす自分の住まいですから、自分に似合った、自分らしい、自分にとって快適で心地よい空間であることは不可欠ですよね。

そして、自分自身はもちろん、家族や恋人と一緒でも、「ここが一番自分に合っている！」という空間にいることは、人生を豊かなものに変えてくれるものです。

この本では、イメージコンサルタントの手法と、私自身の経験を生かして、お金がなくても、賃貸でも、今すぐ実践できる「英国流の住まい」のコツをご紹介していきます。

例えば、

・好みのフレームにお気に入りの絵画を入れて飾る。「塗り絵」の本にある見本の絵であっても素敵なインテリアに変身！

・配色の黄金比（60：30：10）に合わせて家具をコーディネート。主張しすぎないアクセントカラーがいい味を出します。

・傘立てやドアストッパーさえも安物で妥協したりしない。オークションサイトもチェックして素材や模様にこだわり、「最高のひとつ」を我が家に迎えます。

私が英国に移り住んでわかったことは、英国人が、私が想像していたよりもずっと、こよなく住まいに愛情を注いでいるということでした。

「なんでもいい」「どれでもいい」ではなく、自分や同居する人たちの好みやライフスタイルに合った空間作りに、惜しみなく時間と労力を費やしているのです。

そして、それこそが「**自分に似合う住まい**」に直結していると断言できます。

この本では、英国に住む友人たちの美しいインテリアの写真も交えて、英国流の暮らしのコツを惜しみなくご紹介していきます。

お紅茶でも飲みながら、リラックスした気持ちでページをめくってみてください。

テート小畠利子

私、今、このような家に住んでいます！
こだわっているのは、「玄関」「居間」「寝室」です。

玄関

ブルーの扉を開けるたび、ワクワクします➡詳しくは94ページ

寝室

特に私のお気に入り！　和と洋をアレンジしています➡詳しくは114ページ

居間

「黄金比」を元に、一番リラックスできるお部屋を目指しています➡詳しくは106ページ

私のお気に入りは、ヴィクトリア女王在位中の19世紀に流行った、美しい彫刻や模様を取り入れた「英国ヴィクトリア朝」の雰囲気。あなたも、「自分にとって一番住み心地がいい」をとことん追求した、英国スタイルを取り入れてみませんか？

英国流　「自分に似合う」住まいの作り方　目次

第3章 玄関・居間・寝室の「3つの部屋」をおさえる

~ Front door, front room, bedroom ~

第4章 小さな工夫で「似合う住まい」にアレンジする

～Simple tips～

第5章　英国の自宅を拝見！こんなふうに住まいを楽しんでいます

～Introducing my friends and their homes～

カバー写真／ Angela Yu-Hsin Chen（Instagram: @ binbimchen）
（上段左・上段中央・下段左は Cynthia Rezende）
本文写真／ Angela Yu-Hsin Chen
（p8 上段、p37、p45、p69 左、p81 左、p83 右、p99、p105、p118 は Cynthia Rezende）
Jane Austen's House, Chawton（p35）
本文デザイン／ライラック
本文 DTP ／白石知美・安田浩也（システムタンク）

プロローグ

私が
英国式の住まいに
出会うまで

~ *How I discovered British housing* ~

「古いものだから、価値がある」という考え方がある

私が英国の街並みやインテリアと出会ったのは、大学時代の卒業旅行のときです。**歴史誇る重厚感ある建物や、絵本のような風景にときめきを感じて、英国の住まいに関心を持ち始めました。**

その後、ロンドン駐在中の兄夫婦に会いに再び英国へ。

今回は兄たちのフラット（マンション）で過ごし、英国での日常生活に触れて、アンティーク家具が彩る美しいインテリアに心躍らせました。

スーパーで買ったティーバッグなのに、かわいいカップに入れてもらったお紅茶のおいしかったこと！

東京ではじめて一人暮らしをした部屋は、狭いながらも、自分好みのインテリアでまとめました。場所を取らない英国の飾り棚を渋谷の伊勢丹で見つけ、本棚も英国ア

ンティーク店で購入。嬉しくてワクワクしたことを思い出します。

こんな私ですが、子供の頃からインテリアに詳しかったわけではありません。

13歳のときに父の駐在先の米国ロサンゼルスから帰国して、両親は横浜に家を構えました。建売４ＬＤＫの庭付きの一軒家で私の寝室は６畳間の和室。勉強道具やぬいぐるみ、楽譜に埋もれた統一感のない部屋です。日常生活に問題はありませんでしたが、何か違うと感じていました。

今、私はイメージコンサルタントとして起業していますが、以前はスイス系銀行の外為カスタマーディーラーとして、ロンドンで勤務していました。

ロンドン赴任なんて夢にも思っていなかった１９９６年、成田空港から渡英。次第に仕事や生活に慣れ、友達もできると、伝統や芸術、自然や動物を大事にする英国の暮らしに心惹かれていきました。

13歳まで10年間暮らしたロサンゼルスの広々した土地やモダンな家も素敵でしたが、

何百年前から健在する美しい英国の街並みに魅了されたのです。

ミシンも素敵な家具に生まれ変わる

英国の建造物の美しさには理由があります。

それは、英国では建造物の高さには法的規制が課され、外観を保つ厳しい保全地区が住宅街にも指定されているということ。

◆ 英国の法的規制

家の外観を保存するための厳しい規制のある通りの表示。

Conservation Area（保護区）と書かれています。

◆ 建設された年を表示

著者・小畠のご近所のお宅。
家が建設された年が刻まれています。

1889と書かれています。

アンティークショップやチャリティショップがあることも、その理由のひとつです。**というのも、英国には、「古いから捨てる」のではなく、「古いからこそ価値を見出す」という文化があるのです。**

あるとき、立ち寄ったパブで、シンガー（世界初の実用ミシンとして知られるアメリカのミシンメーカー）の足踏みミシンがテーブル代わりに使われていて、その粋な再利用法に感動しました。

子供の頃、母はブラザー（日本の大手電機メーカー）の足踏みミシンで私の服を縫ってくれたものです。

やがて足踏みミシンは電動ミシンに取って代わり、今はロンドンの我が家の居間に置かれ、足踏みミシンは大好きな家具のひとつとなっています。

百年経てばアンティークとなるので、足踏みミシンも、いずれ本物のアンティークになるでしょう。

さらに、英国には、住まいを他人に見せる文化があることも知りました。

自分の好きな空間だからこそ、人に見られることを躊躇しないのでしょう。

引っ越せば、親しい人たちを呼んで家をお披露目する「ハウスウォーミングパーティ」を開いて、自宅を全公開する習慣があります。

また、夜になってもカーテンを閉めず、居間やキッチンが丸見えのお宅は少なくなく、ジロジロ見ないようにしても、視界に入ってしまいます。

そこには、教養がうかがえる本棚や、趣味のいいインテリアがあり、くつろぐ住人の姿も調和していて、まさに「自分に似合っている」家といえます。

手間をかけてアレンジするから、しっくりくる

さらに英国人はＤＩＹが大好きで、自分の住まいのためならなんのその。

金銭的に節約できるのはもちろん、自分好みにいくらでも変えられて、どれだけできるか挑戦したいという、自分の住まい作りに熱が入っています。

私が、はじめてロンドンで購入した物件は１９３０年に建てられたセミ・デタッチド（２軒の家が片側の壁を共有している）を上下２軒に改装した上階のフラットでした。

それまで賃貸されていたせいか、内装はかなり古く汚れていたので、キッチンはプロに頼んでリフォーム。

私の友人・エスターが、ペンキを買うところから教えてくれ、一緒に塗ったところ、2LDKのフラットは様変わり。

内装は生き返り、一気に情がわいたことを思い出します。

英国人は仕事に真剣に打ち込みますが、家族や私生活にも重きを置き、仕事と同じくらいの時間を費やす国民です。

そのため、ワーク・ライフ・バランスを保つために、ライフスタイルに合った「自分に似合う住まい」に暮らすことが不可欠なのです。

では、次のページからは、日本にいても実践できる「英国式・自分に似合う住まい」を詳しく解説していきますね。

英国豆知識コラム１

フラット

Flat

英国では通常、日本でいうマンションやアパート（集合住宅）を総体的に「フラット」と呼びます。

建築会社が、新築のモダンな物件を、アパートメントと名づけることも、ときにはあります。

マンションは、通常は郊外にある大きなお屋敷を指し、一戸建て住宅はハウス（テラスハウス、ツーアップ・ツーダウン、ダブルフロンテッドハウスなどがある）と呼ばれています。

友人・エテルのフラット。１９０５年に建設されました。英国では、このような装飾のあるフラットをよく見かけます。

第 1 章

英国式の住まいは「人×自然×時間」にある

~ What the British expect from their homes ~

英国人が「住む家」に命をかける理由

あなたは、今の自分の住まいが好きですか？

「賃貸物件だから狭いし、建物が古すぎて、どうにもできない」

「ゴチャゴチャしているのはわかっていても、どう手をつけていいのかわからない」

もしそうだとしても、環境とは良くも悪くも、私たちの心を左右するもの。

帰って寝るだけの住まいでも、１日の３分の１の時間を過ごします。

今やリモートワークも珍しくなく、自分自身と住まいとは密接な関係にありますよね。

服を着ればそれが自分の一部であるように、住まいも自分の一部なのです。

したがって日々の忙しさに振り回されず、常に自分を保つには、自分自身に似合った住まいに暮らすことが大切なのです。

私はこれまで30年近くロンドンで暮らしてきましたが、大いにして「英国人は住まいに底知れない価値を置く」と確信しています。

英国人にとって「住まい」は単に暮らす空間ではなく、自分のライフスタイルの基盤となる場所です。

歴史や芸術、文化を大切にし、それを誇りに思う国民。だからこそ、古い物件をこよなく愛し、原形を保ちつつ、時代に合った快適な暮らしを追求します。

また、英国人特有ともいえる願望を抱いています。

それは、「今は仕事や、子供たちの学校の都合でなかなか実現できないとしても、いつかは都心を離れてカントリーサイド（田舎）で暮らしたい」という夢。

リモートワークで仕事の環境が変わった、あるいは退職して暮らしの環境が変わったことで、経済的余裕ができると、都心と田舎の両方に住まいを構える人もいます。

たとえその家が豪邸でなく、かわいいコテージでも、美しい田舎暮らしを夢見る思いは、英国人のDNAにあるという説さえあります。

そしてもうひとつ大きな理由があると思われます。

それは英国の物件投資には経済的メリットがあるということ。

英国の物件は高いです。

ロンドンの平均物件価格は2024年8月現在で、日本円にして1億円を越えます。

しかし地震の心配はなく、古いものに価値を見出すからこそ、古い物件ほどプレミアムがつきます。

そして英国の物件価格は上下しても暴落はしません。

一度物件を購入できれば、より広く快適な住まいに買い替えたり、複数物件を購入することも可能になります。

したがって、売却しないとしても、自分に似合う住まいに暮らすことは快適で心地よく、また、地域差があっても、物件の価値は上昇していくのです。

では、次のページからは、英国人にとって「自分に似合う住まいとは何か」について、著名人の名言を交えながら、ご紹介していきましょう。

友人・エテルのカントリーハウス。まさに英国人の夢。

ウィリアム・シェイクスピアの名言

「うちで暮らしていたときのほうが、よっぽど心地よかった」

――ウィリアム・シェイクスピア

“When I was at home, I was in a better place” William Shakespeare

『ロミオとジュリエット』ほか、16〜17世紀初期に数々の名作を生み出した英国の劇作家として知られるウィリアム・シェイクスピア。「うちで暮らしていたときのほうが、よっぽど心地よかった」という名言は『お気に召すまま』の作中で宮廷からアーデンの森に移り住んだ道化・タッチストーンの名言です。

そこが「一番幸せ」と感じるためには、いろいろな要素があるでしょう。

自分の好きな場所や環境にあり、外観も内装も自分好み。

そして、同居する人たちやペットにとっても心地いい場所であることは、無視できない大切な要因です。

さて、シェイクスピアが1590年前後にロンドンに引っ越してから暮らしたとされる住まいは、現在はオフィスビルに代わっています。

1992年のアイルランド共和国軍の爆撃で、彼の住まいのそばにあった教会の建物や窓は被害に遭いましたが、彼の肖像画が入ったステンドグラスを含め、3つだけは被害を逃れたそうです。

ひょっとするとシェイクスピアの自宅には机の前に窓があり、外を見ればこの教会が見えていたのではないでしょうか。

シェイクスピアがロンドンで暮らした
住まいのそばにあった聖ヘレン教会。

ウィリアム・モリスの名言

「役に立つものか、美しいと思うものしか家には置かない」

――ウィリアム・モリス

"Have nothing in your houses that you do not know to be useful or believe to be beautiful" William Morris

19世紀のアーツ・アンド・クラフツ運動（1860年代の英国において、生活に手仕事の美を取り入れることを目指したアート活動）の主導者で、詩人やテキスタイルデザイナーとしても知られるウィリアム・モリス。「生活に必要なものこそ美しくあるべきだ」と考えるアーツ・アンド・クラフツ運動の主導者らしい名言ですね。

産業革命によって機械化が進み、安価で大量生産が可能となりましたが、便宜性が進む一方、低品質が普及し、モリスは手仕事から生まれる美が欠けることに危機感を抱いていました。

機能性のある家具や生活用具は便利で暮らしをラクにしてくれますが、それだけでは必ずしも心を満たしてくれるとは限りません。**美は人の心を癒してくれ、ワクワク感と喜びを呼ぶ力があるからです。**

英国の老舗デパート・リバティでは、ウィリアム・モリスの品位ある美しい植物柄の壁紙やカーテン生地は根強い人気があります。

ウィリアム・モリスの柄に限らず、お気に入りの色や柄、素材を、クッションやテーブルクロス、ナプキンなどに取り入れるだけで、大掛かりなことをしなくても、きっと一気に自分好みのインテリアに生まれ変わることでしょう。

ウィリアム・モリスの砂糖とミルクのセット。

「あー、うちで過ごすほど心から居心地のいいことはない」――ジェイン・オースティン

ジェイン・オースティンの名言

"Ah! There is nothing like staying at home for real comfort" Jane Austen

冒頭の言葉は、18~19世紀前半に活躍した、小説『分別と多感』や『高慢と偏見』の作者で知られるイギリスの小説家、ジェイン・オースティンの名言です。

1805年、彼女は父親を亡くし、1809年、母と姉と友人・マーサとで、チョートンというかわいらしい村に引っ越します。今から約500年前に建てられた家には、ハーブやお花が咲く庭があり、洗濯物を干したであろう中庭もありました。ジェインが執筆に集中できるよう、姉と母親たちが家事を担当。手芸や洋裁が好き

で、みんなでパッチワークをして楽しい時間を過ごしたとも言い伝えられています。
感動するのは、すべての本を執筆した机が今も存在すること。それも驚くほど小さく、胡桃《くるみ》の木でできたかわいらしく華奢な円卓で、直径たったの47センチ。ベース（足）に関しては定かではありませんが、18世紀初期に作られたテーブルトップは彼女が使ったオリジナルのものとされています。

落ち着いた壁紙に包まれた彼女のコテージは、あたたかみがあります。

41年間の短い生涯を終えるまでの8年間を過ごした彼女の家は、今は博物館になっています。
ジェイン・オースティンは引っ越しを重ねましたが、最終的には心の通じ合う人と暮らし、自分に似合った家に住むことができたのですね。

ジェイン・オースティンが実際に使用していた円卓。博物館に残っています。

スプリング・クリーニング

「春の大掃除」――英国人の暮らしの習慣

Spring cleaning

日本では年末に大掃除をしますよね。

一方、英国では年末ではなく、「スプリング・クリーニング」といって、春に大掃除をおこないます。

英国ではさまざまな宗教が存在しますが、主要の宗教はキリスト教。したがってクリスマスは年中行事の中でも一大イベントです。年末はクリスマスまでのクライマックスでクタクタになっている人も少なくありません。

英国では昔、冬の間は暖炉に石炭を使用して家をあたためました。春になれば暖房は必要なくなるので、それまで溜まった煤《すす》を掃除するために、大掃除を春におこなったといわれています。

以前は「霧のロンドン」という表現をよく耳にしましたが、産業革命後、石炭燃料の使用が原因で霧というか、スモッグを引き起こし、健康に害を及ぼしました。

現在も暖炉のある家はありますが、イングランドでは、煙を発する伝統的な自宅用石炭を使用することは禁止され、電気やガスに取って代わり、飾りとして残していることも多いです。

英国の春はとても待ち遠しいもの。

日本と違って、英国の冬は日中も暗いせいか、特に長く感じられます。

クロッカスが咲く頃になると、長く暗い冬の終わりを告げます。

日は次第に長くなり、若葉や鮮やかな色の花が次々と顔を出して、春の訪れにホッとして解放感に包まれます。

小畠の暖炉。
130年前から存在する暖炉が現在にそのまま溶け込んでいます。

英国住宅の照明は、いつも自分流の明るさ

西洋人は、少し日が差すだけでもサングラスをかけるって知っていますか？

これには立派な理由があります。目の色です。青い目は目の中の複数の層にわたって色素沈着が少ないため、強い太陽光線や明るい照明は眩しくて仕方ないのです。ひどい場合は「羞明《しゅうめい》」といって、頭痛や目の痛みを引き起こしてしまいます。

私の夫の目もライトグリーン。テレビやスクリーンの光があれば十分だからと電気をつけようとしません。

一緒にドラマを観ながらデザートを食べようとしたときも、暗くて全部グレーに見えて、おいしく感じられないのです。「食事は味や香りだけでなく、色や艶を目で楽しむことで、ますますおいしくなるのに」と主張しましたが、結局、ディマー（照明を調整する機能）を利用して、やっとお互いが納得する度合いで合意しました。

また友人のジェニーが、新しくオープンした日本料理屋に行ったときのこと。ジェニーは「すごくおいしかったけど、目に刺さるような照明で頭が痛くなった」と言っていました。彼女の目の色はライトブルー。さぞ眩しかったことでしょう。

照明には部屋を明るくする機能があり、光の度合いも調整できます。

その一方で、いろいろな種類のライティングで一気に自分好みのインテリアに様変わりさせることができます。

モダンでシンプルなライトもあれば、ゴージャスなシャンデリアもあります。

火事の心配のないLED式のろうそくもあります。

自分のインテリアに合った、好みのライトを吟味するのも楽しいものです。

小畠のオフィスにあるペンダントランプ。

英国豆知識コラム2

テラスハウス

Terraced house

テラスハウスは、日本でいう長屋に近いものかもしれません。

道路に沿って、家が繋がるような形で建っています。

映画『パディントン』の撮影に使われた家もそのひとつで、パディントンがブラウン家と暮らした家は、この写真のように実在しています。

Chalcot Crescentにあるパディントンの家に撮影にうかがったとき、ご近所の方が「多くの人が集まり、近所迷惑な行動が相次いでいる」とおっしゃっていました。もし行かれるなら、配慮を忘れないようにしましょう。

第2章
自分も住まいも「Wow!」が一番大切

~ What fills your heart with happiness and joy ~

STEP1

自分の「Wow!」に気づこう

胸がキュンとしたり、ハッと心を奪われたり、「Wow!」と感動したりする感情は理屈だけでは説明できませんよね。

食べ物にしても娯楽にしても同じこと。

人になんと言われても、好きなものは好きだし、そうでないものはそうでないと思います。

「どういう服が好きか」も同じ原理で考えられます。

私はイメージコンサルタントとしてお客様のパーソナルカラーや骨格を分析して、似合う服についてアドバイスをしていますが、服の好みは人それぞれ。

それは私が押し付けるものではなく、お客様自身が決めるもの。

そうであってこそ、お客様自身が喜んで着ることができて、心地よく、自分らしく幸せな気分になれるのです。

私たちの住まいに関しても同じことが当てはまります。

「みんながいいって言うから」とか「有名ブランドだから」と、あまり深く考えず鵜呑みにしてしまうと、周りの言動に流されて、いつの間にか自分を見失う恐れがあります。

大切なのは、自分のテンションが上がるかどうか、つまり、心から「Wow!」と感じるかどうかです。

この「心から『Wow!』と感じること」が、幸せを惹きつける秘訣なのです。

自分が毎日暮らす住まいですもの、仕方なく過ごすのではなく、自分が「Wow!」と感じることのできる嬉しい場所でありたいですよね。

私が自分の住まいで「Wow!」と感じる場所のひとつは玄関です。

もともとあった玄関の戸は、戸締まりの用はなしていましたが、廊下に光が入らず、ヴィクトリア朝に建てられた建物と時代がそぐわないデザインでした。

そこで百年以上前のドアを買い取り、私が、ヴィクトリア朝の時代に合ったステン

ドグラスのデザインを構成し、それをもとにドアを作っていただき、10ヶ月かけてやっとステンドグラス入りの玄関が完成。

キレイな光が差し込んで、人をあたたかく迎えられる玄関が誕生しました。家を出入りするたびに心の中で笑みを浮かべています。

あなたは、住まいの何が好きですか？

あなたの住まいで「Wow!」と感じるものはどんなことですか？

ウキウキ、ワクワク、嬉しくなったり楽しくなったりして、思わず笑みが浮かぶ部屋や場所や小物はありますか？

もしかしたら「いまひとつよくわからない」という方もいるかもしれませんね。

そこで、次のページから、自分の住まいの好みを知る方法を探っていきましょう。

小畠の玄関。ステンドグラスのデザインでできている。

STEP2

潜在的な自分の好みを深掘りする

「どんなところに住みたいか」とか「どんな空間が好きか」と聞かれても、日頃から考えていなければ、即座に返答できないかもしれません。

自分の好みを自分自身が認識していなければ、自分をないがしろにしているのも同然。なんの感情もわかない空間や気に入らない場所で毎日過ごしていたら、気は晴れませんし、つまらないですよね。

では、ここで、潜在的な自分の住まいの好みを探ってみましょう。

まずは、自分の過去・現在・将来の住まいを検証していきます。

1）過去

子供の頃、どのような住まいで暮らしていましたか？　また、その住まいに対して、どういう感情を抱いていましたか？

2）現在

現在、どのような住まいに暮らしていますか？　どういう感情を抱いていますか？

3）将来

将来、どのような住まいに暮らしたいですか？　どういう感情を抱きたいですか？

私を例にあげてみましょう。

1）過去――日本の家も海外の家も好きになった

転勤族だったので、子供の頃は東京→ロサンゼルス→名古屋→ロサンゼルス→東京、そして最後に横浜で暮らしました。印象に残っているのはロサンゼルスと横浜の家です。ロサンゼルスの家はインテリアもモダンでクラシック。家の周りはたくさんの植木や花に囲まれた、落ち着いた環境でした。

横浜の実家のインテリアは和洋折衷で、特にアメリカから持って帰ったもので占められていました。いずれの家も好きでした。

2）現在――古くからのよさを現代にも生かすようにしている

今は主人と愛犬とで、ロンドンのウィンブルドンで暮らしています。

私たちはピリオドハウス（古い時代の家）が好きなので、１８９４年に建てられた後期ヴィクトリア朝のこの家を気に入っています。

なるべくもとからある家の造りを保存し、内装もそれに合うように工夫していますが、時代に合った効率性と新鮮さ、そして日本的な要素も交えながら、犬と暮らし、みんなにとって心地いい空間になるよう心がけています。

3）将来——より私たちらしさを出していきたい

古い家は魅力的ですが、何も手をつけないとどんどん古ぼけていく、という落とし穴があります。そうならないよう、毎年少しずつメンテナンスに気を配り、私たちらしさを生かした雰囲気作りに磨きをかけたいと思っています。

結論

「古い家やその時代に合ったインテリアを取り入れるのが好き」ということは自覚していましたが、今は家族（夫と犬）で暮らしているので、ある程度の空間と自然も求めているのだな、ということが明確になりました。

それがすべてそろってこそ、私たちの「Wow!」が成り立つのですね。

あなたの潜在的な住まいの好みは明確になりましたか？

STEP3 自分の好みを知る①

各時代の特徴とヴィクトリア朝の特徴

では次に、別の角度からもインテリアの好みを探っていきましょう。この本で紹介する英国式以外にも、次のようなものがあります。

・21世紀、まさに現在のモダンなインテリア
今、地球環境に優しく、長く使えるサステナブルな家具が注目されています。自然素材やモノトーンカラーが特徴的です。

そのほかにも……

・1970代のノスタルジックなインテリア

現代のモダンなインテリア

学生運動、ヒッピーやパンクなど、若者たちが平和と自由を求めた時代。ビビッドな色やペイズリー模様などの自由なデザインが特徴的。

・20世紀半ばの昭和のレトロなインテリア

漫画『サザエさん』の家や、映画『男はつらいよ』に出てくる団子屋「とらや」のイメージです。ちゃぶ台やガラス戸のある食器棚など、木製の家具が主流でした。

・20世紀前半の大正時代のレトロなインテリア

和洋折衷のスタイルで、照明は暗め。重厚感ある家具にステンドグラスのテーブルランプやペンダントランプが特徴。

◆ テーブルランプ

小畠の照明のひとつ。一人暮らしを始めたとき、三越で買った小さなティファニーランプ。

◆ ペンダントランプ

友人・リズの寝室のペンダントランプ。大正時代にも見られる、シックで落ち着きのあるステンドグラス。

・明治時代の歴史的なインテリア

明治時代のインテリアが好きな場合は、古い桐箪笥《きりたんす》や机や火鉢を取り入れることで、自分の「Wow!」度がアップするでしょう。

・ヴィクトリア朝に代表される英国のインテリア

最後は英国インテリアです。

ヴィクトリア朝とは、ヴィクトリア女王がイギリスを統治した期間（１８３７年〜１９０１年）を指します。産業革命により経済が発展し、家具デザインが盛んになり、インテリア作りに大いに影響を及ぼしました。

ヴィクトリア朝のインテリアは１８７０年頃を境に前期と後期にわけられます。

前期は曲線的なフェミニンなデザインがふんだんに使われ、繊細な装飾、植物や動物のモチーフが目立ち、ガラスや金属も用いたゴージャスさが際立ちます。

後期になると、洗練されたデザインには変わりませんが、大量生産が普及し、よりシンプルで使いやすいデザインが目立つようになり、壁紙や布地に色を取り入れるこ

とで、鮮やかさが引き立つインテリアが普及していきます。

◆ **前期ヴィクトリア朝**

友人・リズが大切にしている祖父母から譲ってもらった引き出し。取っ手がとても繊細でキレイ。

◆ **後期ヴィクトリア朝**

友人・リズの台所。引き出しの取っ手がかわいいキャップハンドル。

「各時代のインテリアではしっくりこない」という場合は、ほかの時代のほうが好み、もしくは複数の時代を合わせたものが好み、ということもあるかもしれません。

次に紹介する、そのほかの「国や地域」も参考にしてみてください。

STEP4 自分の好みを知る②

各国の特徴、英国の特徴

北欧、アジアなどのインテリアに自然と心惹かれることはあるでしょう。「素敵だなあ」とか「こういうのが好き」と感じるなら、自分の住まいにも取り入れてみませんか？　たとえば、次のようなものです。

・アジア

家具や雑貨は自然素材で作られています。ビビッドな色の飾りや幾何学模様の床やフロアのタイルを取り入れればインド風にも。

アジア

・ビーチ
青・白・緑・茶色でコーディネートして、リゾート風に。ハイビスカスやヤシの木や貝殻をモチーフにした壁掛けや模様を取り入れることもできるでしょう。

・北欧
全体的に白やライトグレーなどニュートラルなカラーでインテリアをまとめます。窓から自然光を入れて、肌触りのいい膝掛けや枕で部屋に温もりを与えます。

・ジャパンディ
ジャパン（日本）と、スカンジナビア（北欧）を短縮した呼び方「スキャンディ」を合体させたインテリアです。天然素材を使い、洗練されたあたたかみのある空間を生みます。

ビーチ

北欧

ジャパンディ

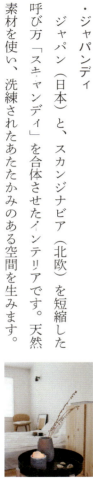

・英国インテリア

そして英国のインテリアとは、歴史と文化を尊重し、最新技術を導入することで時代を超えた、優雅で心地いいインテリアです。

英国インテリアの特徴

・心地よさ：座り心地のいいアームチェアやリクライニングチェアでリラックス。
・色と柄：壁や家具、カーテンなどで、あらゆる色と模様を調和させます。
・絵画：好みのフレームにお気に入りの絵画を飾って自分らしく。
・暖炉：部屋をあたためるだけでなくインテリアの焦点となっています。

たくさんの国や地域があり、それぞれの素敵なインテリアが存在します。
あなたにとって最も心地いい、「Wow!」と感じる空間を作りたいですね。

◆ 絵画

友人・エテルの絵画。お気に入りの絵画が居間を彩る。

◆ 暖炉

小畠の暖炉。古くからある花柄がインテリアの一部になっている。

◆ 心地よさ

友人・フィオナのリクライニングチェア。ずっと座っていたくなる窓際の椅子。

◆ 色と柄

友人・フィオナの壁。色の組み合わせが見事。

STEP5 自分の好みを知る③

ミニマリズム

では次に、インテリアの好みとして、どの程度のミニマリズム（最小限主義）が好きなのかを検証してみましょう。

同じイギリスのインテリアを見ても、時代によってスタイルは異なります。

前述したように、ヴィクトリア朝様式を比較しても、前期はデザイン性が豊富で曲線や装飾がふんだんに取り入れられている一方、後期になると大量生産が普及し、よりシンプルなインテリアに変わっています。

たとえ英国式のインテリアを取り入れるとしても、人によってはミニマムに抑えるほうが自分らしく心地いいかもしれませんし、逆にマキシムにもっとたくさんの要素を取り入れたほうがしっくりくる人もいるでしょう。

次のようなインテリアは最小限主義の部類に入ります。

・ホテル風

ホテルのようなモダンなお部屋で、家具や色の数を少なくし、モノトーンやシックな色で統一性を持たせています。低めの家具をそろえることで、部屋の広さを確保しています。

・インダストリアル（工業的）

コンクリートやレンガの壁を塗装することなく、そのまま一面、露出させたり、パイプや釘も覆うことなくデザインの一部として剥き出したインテリア。無機質で重厚感があり、木材と金属を調和させることで、かっこよさが漂います。

自分のミニマリズム度を検証するにあたり、重要なのは、どの程度、最小限に抑え、どの程度、すっきりとした部屋が、最も快適に感じられるかです。

ホテル風

インダストリアル（工業的）

感じ方は人それぞれです。次に、あなたにとって、どの程度のミニマリズムが心地いいかをチェックしてみましょう。

0 ―――― 5 ―――― 10

0　とことん最小限にするのが快適

5　適度な最小限が快適

10　最小限にしすぎると物足りなくて快適ではない

私の場合、ミニマリズムの度合いは「4」です。

小物や壁掛けで部屋を彩るのは好きですが、数多く物を外に出して楽しむというよりも、物を収納して視界に入れないほうが落ち着くからです。

また、まったくのモノトーンよりは、ある程度、色や模様が入ったほうが心地よく、家具にも適度なデザインが入っていると、私にとっての快適度がアップします。

小畠の階段下のトイレ。シンプルで物は少なく、
ヴィクトリア朝時代を思い起こさせるミニマリズムなインテリア。

STEP6　自分の好みを知る④

マキシマリズム

ミニマリズムに対して、過剰主義を意味する「マキシマリズム」があります。

マキシマリズムとは、たくさんの家具や色、飾り物に囲まれたり、数に限らず、手の凝った装飾や飾り物が主体となるインテリアを指します。

たとえば、椅子ひとつ取っても、色や彫刻が入っていて、曲線を形取ることで、柔らかさが加わります。家具の生地や壁紙は、模様を使用することもあります。

次のようなインテリアの様式はマキシマリズムの部類に入ります。

・ロココ様式
18世紀初頭からフランスを中心に流行った様式。金細工をあしらった家具や、貝殻や花を模した曲線による装飾は華麗で、淡い色が多く、軽やかで明るい雰囲気が漂います。

・ヴィクトリア朝のインテリア

52ページで触れた通り、1837年〜1901年まで女王として君臨したヴィクトリア女王の時代に流行った様式で、産業革命によって富裕層の間にも広まりました。

家具に限らず、建築にも豪華な装飾や彫刻があり、暖炉や玄関まで続くタイルにも多様な模様が入っていることが特徴です。

家具にはダークな木材を使用したり、赤みがかったえんじ色やダークグリーンなどの濃い色の生地が好まれ、全体的に落ち着いた雰囲気に包まれます。

あなたは、お部屋にどの程度、家具を置き、どの程度、小物を飾りたいですか？

またどの程度、彫刻やデザインの入った物を好みます

ヴィクトリア朝のインテリア

ロココ様式

か？　自分にとって、しっくりくる度合いを検証してみましょう。

0―――5―――10

0　シンプルで殺風景
5　適度な過剰主義が快適
10　徹底的に過剰主義にするのが大好き

私の場合、ミニマリズムとマキシマリズムの度合いは中間です。ゴチャゴチャしているよりも、すっきりしているほうが好きですが、ある程度の曲線や飾りの入ったインテリアにも心が惹かれます。
自分にとって快適に感じる色や彫刻などの特徴がそろうと、心がウキウキして、私の「Wow!」度がアップします。

友人・カイルのパートナー、レイの部屋。
趣味のスーパーマンをテーマに飾っています。この場合のマキシマリズム度は９。

STEP7 自分の好みを知る⑤

エクレクティック

「エクレクティック」という言葉、聞いたことはありますか？

エクレクティックとは、異なる時代や地域、色や素材を同時に取り入れるタイプを指します。

しかし、異なる要素を混合させても、どこか統一性を持たせれば、うまく調和させることができ、自由な感覚で居心地のいい空間を生み出すことができるのです。

ではここで、あなたのエクレクティック度を検証してみましょう。

0 ―――― 5 ―――― 10

0　時代にせよ色にせよ、ミックスしたくない

5　ある程度、ミックスするほうが好き
10　思いっきりミックスするのが大好き

私を例にあげてみましょう。

私は後期ヴィクトリア朝時代に建てられた家に合わせた、ヴィクトリア朝のインテリアを好みます。

あとで詳しくご紹介しますが、暖炉やステンドグラス入りの玄関、飾り棚などの家具、ドアノブや階段のカーペットランナー（階段に適した細長いカーペット。99ページ参照）にもヴィクトリア朝時代のスタイルを取り入れています。

一方で親友のお母様からいただいた美しい着物の帯をベッドランナーとして使用してもいます（69ページ参照）。

ほかの国の小物もありますが、基調は英国が8割で日本が2割。

現時点での我が家を総体的に見れば、エクレクティック度は「3」といえます。

エクレクティックな発想で、今よりもっと自分らしい空間ができます！

小畠のアンティーク小物

スーツケース（海外）×帯（日本）

スーツケース（海外）と着物の帯（日本）との組み合わせ。インテリアに和風の物を混ぜることが好きなので、スーツケースの上に叔母にもらった帯をかけています。

また、スーツケースの壁には浅草で買った千羽鶴の模様の入った手拭いの額を飾っています。

小畠の寝室

洋風のベッド（海外）×
ベッドランナー・壁紙・クッション（日本）

大学時代の親友が、日本舞踊を教えていらしたお母様の帯をプレゼントしてくれ、今は我が家のベッドランナーになっています。枕もおそろいのオレンジにして、目を引くアクセントに。

その親友が引っ越し祝いで壁紙をプレゼントしてくれることになり、和風を取り入れたくて桜模様を選びました。

壁紙・クッションは桜模様で合わせ、寝室のベッドルームでうまく日本模様を取り入れて、エクレクティックな空間にしています。

まったく違うテイストであってもいい。
似ている色や似ている素材で、統一感を作り、
自分だけのエクレクティックな空間を
楽しみましょう。

STEP8

3つのイメージコンサルティング分析法

「人からすすめられて買った服だけれど、しっくりこなくて全然着ていない」

「同じ服でも、友人が着たらかっこいいのに、私が着たら全然似合わない」

私のお客様にはこのような悩みを持つ人が多いのですが、あるときこの悩みを解決する手法が「部屋作り」にも生かせると気づきました。

多くのイギリス人は、部屋作りの際、「自分に最も似合うかどうか」を吟味しています。それはまさに、イメージコンサルティングと同じ発想なのです。

着る服も住まいも自分の一部ですので、似合っていることが重要ですよね。

次からはイメージコンサルティングの手法である「パーソナルカラー」「スタイリング」「パーソナルブランド」をもとに、具体的に、どのようにお部屋に取り入れていくかをご説明いたします。

STEP9

パーソナルカラーで「似合う色」を知る

あなたは、特に好きな色ではないのに、その色の服を着たり、その色の口紅を塗った日に、周りから「元気そう」とか「素敵！」と褒められたことはありませんか？

自分をいきいき見せる色であるパーソナルカラーも、住まいのカラーを選ぶときも、それぞれ「法則」があり、それにしたがうことでバランスが取れるものになります。

ここではイメージコンサルティングの一環として、自分に似合う色（パーソナルカラー）の分析をしていきます。

まず、濃度・アンダートーン・彩度の3つの特徴をつかみましょう。

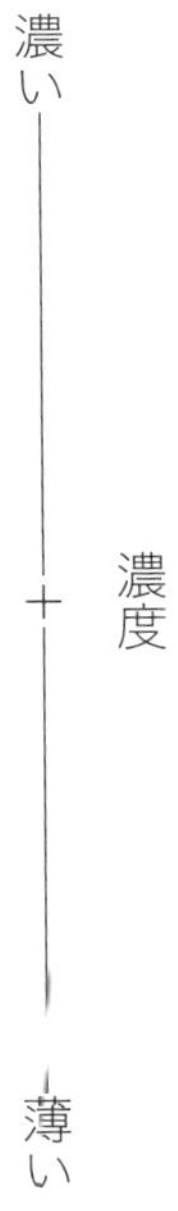

アンダートーン

寒色 ―――――+――――― 暖色

彩度

控え目 ―――――+――――― 鮮やか

ここでの「濃度」はコートやスーツのように、大きな面積を覆う服を着たとき、濃い色のほうがいいか、薄いほうがいいかを吟味するものです。

「アンダートーン」は特に肌の血色に注目します。

「ブルーベース（ブルベ）」や「イエローベース（イエベ）」という名称を聞いたことがあるかもしれません。これは、私たちの肌は3層（表皮、真皮、皮下組織）から構成されていて、真ん中の「真皮」が寒色か暖色かを指すものです。

このアンダートーンを知ることで、同じ白でも、どんな白が似合うか、アクセサリーはシルバーがいいか、ゴールドのほうがいいかといったことも明確になります。

「彩度」は彩度のある鮮やかな色のほうが元気に見せてくれるか、それとも彩度を抑えたほうが視線が自分に向くかどうかがわかるものです。

簡単ではありますが、このようにして似合うカラーを分析していきます。同居する人とも同じパーソナルカラーであるとも限りませんし、自分のパーソナルカラーをそのまま住まいに取り込むことは難しいでしょう。

ただ住まいのカラー選びで忘れてはならないのは、自分にとって心地よく感じられるか、そしておのおのの色がうまく調和しているかということです。

もしパーソナルカラーを取り入れるなら、アクセントとして使用してもいいですし、もっと広範囲に壁や床に使用することもできるでしょう。

カラーに関しては人物にもインテリアにも「基本ルール」というものがあります。人物の場合は「濃度」「アンダートーン」「彩度」、そしてインテリアはのちほどご説明しますが、「カラーの黄金比」を念頭に置くことで、より美しい調和が生まれる、という共通点があります。

では、次のページからは、「パーソナルブランド」についてご紹介します。

STEP10

自分だけの「パーソナルブランド」を知る

服にはいろいろなブランドがありますよね。

エルメスといえばフランスの高級服飾メーカーで、バッグや美しいスカーフが有名です。ユニクロはファーストリテイリングの中でも、日本を代表するブランドで、ヒートテックはロンドンっ子の間でも人気です。

これらのブランドはいずれも、どんなブランドであるかが即答できると思います。

このような会社のブランドを「コーポレートブランド」と呼びます。

それに対して「私」というブランドは「パーソナルブランド」と呼びます。

自分の外見や性格を映し出すもので、「今日だけ」とか「今週だけ」という短期的なものではなく、最低5年、または今後一生持っていたい自分のブランドが、このパーソナルブランドになります。

私のイメージコンサルティングでは、お客様のパーソナルブランドも探求していきます。

というのも、たとえ自分に似合う色で、骨格にも合っている服だとしても、色の組み合わせやスタイルが自分の好みでないと、自分らしさを表す「Wow!」という感情がわかないからです。

では、ここでパーソナルブランドを探る方法をご紹介しましょう。

あなたには、将来なりたい自分像や、現在の自分を表すキーワードで、今後も持ち続けていきたいと思っている言葉はありますか？

次のページを参考に、思いつくだけあげていき、トップ3を選んでください。

服を選ぶときも、誰かと会話をするときも、そのパーソナルブランドが自分を反映していると意識することで、常に揺るぎない「自分というブランド」が定着していきます。

・知的　・スマート　・自信がある　・居心地いい　・リーダー　・伝統を重んずる
・若々しい　・ハッピー　・美しい　・健康的　・色っぽい　・洗練されている
・ハッピー　・かわいい　・芸術的　・冒険家　・おしゃれ　・プロフェッショナル
・しなやか　・面白い　・視野が広い　・思慮深い　・かっこいい　・あたたかみがある
・個性的　・自然派　・ゴージャス　・独創的　・モダン　・親しみやすい
・スポーティ　・冷静　・楽天的　・前向き　・ポジティブ　・クリエイティブ
・本物（フェークではない）　・好奇心旺盛　・話しやすい　・スタイリッシュ

私のパーソナルブランドは「本物」「スタイリッシュ」「親しみやすい」です。

仕事が関係する場合は「プロフェッショナル」が加わります。

自分のパーソナルブランドを明確にすることは、自分軸が確立するだけでなく、「どんな住まいを築いていきたいか」にも影響していきますので、普段から気に留めるようにしてくださいね。

STEP11

住まいにもパーソナルブランドを取り入れる

ここまで、潜在的な自分の住まいの好みについて探ってきました。

また、過去や現在の住まいの特徴と、将来暮らしたい住まいの特徴もイメージし、自分のパーソナルブランドを象徴する言葉も見つけました。

人物と家を一緒にするわけにはいきませんが、自分の住まいは自分の一部ですので、「自分らしさ」を無視するわけにはいきません。

住まいは自分らしく、「Wow!」と感じさせる大好きな場所であるべきなのです。

これらをすべて考慮に入れることで、自分の「住まいのパーソナルブランド」が成り立ちます。

私を例に見ていきましょう。

・潜在的な好み――古い時代に建てられた家とその時代に合ったインテリアが好きで、ある程度、空間に余裕があり、自然に囲まれたい。
・好きなインテリアの種類――英国ヴィクトリア朝時代のインテリアが好き。同時に、和風のインテリアを加えることで、私らしい心地いい空間を生み出していきたい。
・パーソナルブランド――「本物」「親しみやすい」「スタイリッシュ」。

したがって、私の住まいのパーソナルブランドは、

・**本物（フェークでない）**
１３０年前に建ったときから残されている家の造り、たとえば階段（99ページ）や暖炉（80ページ）を保存して、保存できていない部分はヴィクトリア朝インテリアの特徴を取り入れて復活させています。

・スタイリッシュ

いくら古いものが好きとはいえ、放ったらかしにすると時代遅れのさびれた空間に堕落します。

ですから常に、いきいきとしたおしゃれな空間を保ちたいと思っています（80ページ）。

・親しみやすい（あたたかく人を迎え入れる）

この家に暮らす私たちにとってはもちろん、誰にとってもあたたかく迎え入れる、心地いい空間をインテリアで実現させています。

たとえばカラフルなカントリー風のキッチン。窓から日差しが差し込み、ベイウィンドー（出窓）やドアから南向きの裏庭が見渡せます（81ページ）。

この3つになるといえます。

私は、3つの「パーソナルブランド」を、こんなふうに「住まい」に取り入れています！

パーソナルブランド1

本物（フェークでない）

130年前から我が家にある暖炉。居間の中心にあり、暖炉を使わない今も、インテリアの一部として生きています。

パーソナルブランド2

スタイリッシュ

イメージコンサルタントの仕事柄、室内にマネキンを置いています。お部屋の端にあることで、スタイリッシュな印象を作り上げています。

パーソナルブランド3

親しみやすい（あたたかく人を迎え入れる）

執筆しながら、窓から日差しが差し込み、裏庭が見渡せます。
南向きの裏庭は、ペットも家族もあたたかい気持ちになります。

「パーソナルブランド」を知り、
住まいに取り入れることで、
より「自分らしさ」が輝き、
とてもしっくりくる空間を
作り上げることができます。

自分の住まいにとって、もうひとつ忘れてはならない大切なことがあります。

それは「同居する人や動物たちの住まいのインプットも導入する」ということです。

我が家の場合、主人のパーソナルブランドは「伝統を重んずる」「自信がある」「話しやすい」。

私と似ているので、インテリアの好みに大きな違いはありません。


愛犬のヨーキーは小型犬ながら元気いっぱいのジャックラッセルテリアなので、毎日ほぼ3時間は散歩に出かけ、自然の中を走らせています。

うちの中では、普段は居間と台所と裏庭を自由に行き来できるようにしていますが、最近は上階にも時々上がらせています。

家族と一緒に過ごしたり、自分のベッドで自分の空間と時間を求めることもあり、ペットとしても心地いい住まいを築けるよう心がけています。

夫も愛犬も、みんな楽しくいられる住まいが一番理想。

STEP12

色と配置は基本ルールを知ることが肝心

では、実際にお部屋作りをするための色選びについてお話しいたします。

インテリアにおける色の組み合わせには、「配色の黄金比」と呼ばれるものがあります。この「黄金比」は、人が最も美しいと感じる比率として古来から存在し、建築や芸術など、あらゆる分野で取り入れられているものです。

部屋のインテリアに色を使いすぎると、目がチカチカして落ち着きがなくなりますし、逆にまったく色に変化がないと殺風景に見えたりしますよね。

そこで、配色の黄金比を使うことで、調和の取れた空間ができあがるのです。

この配色の黄金比とは、次のような比率です。

・ベースカラー：60%——床や壁や天井など、一番大きな面積を占めるカラーです。

・メインカラー：30%——カーテンやソファなど、次に大きな面積を占めるカラーを指します。

・アクセントカラー：10％――言葉通り、部屋にアクセントや遊びを与える色です。クッションや壁紙、ソファの柄に入っている色で楽しむこともできます。

英国のインテリアは時代によって様式や色使いに変化がありますが、どの時代でも、一般的に日本よりも惜しみなく色を使います。

壁は白に限らず、紺や赤、緑を塗ったり、模様入りの壁紙も使います。

絨毯やカーテン、ソファやベッドリネンが色や模様入りであることは珍しくありません。

配色のバランスさえ取れていれば、心地いい部屋となり、自分の個性や好みを存分に楽しむことができるのです。

小畠の暖炉周辺。ベースカラー：淡い色（オフホワイト・ベージュ）、メインカラー：茶色・ワインカラー、アクセントカラー：ピンク・緑。

STEP 13

黄金比を取り入れて一番キレイな空間を作る

その部屋にはどの程度の大きさの家具や絵画が合うのか。

そして家具や絵画をいくつ置くとバランスが取れるのか。

その決め手となる基本概念を念頭に置けば、ゴチャゴチャして見えたり、殺風景に見えることもありません。

実は、先にお伝えした60：30：10の「黄金比」は、部屋のスタイリングにも活用できます。

もっと簡略化して、60：40という比率を取り入れてもいいでしょう。

たとえば部屋の大きさに対してどれだけ家具を置くのがいいかを検討する場合、部屋の床面積を測り、家具がその6割を占め、残り4割は何も置かない空間として残すことで部屋のバランスを保つことができます。

ソファとその前に置くコーヒーテーブルとの比率にも活用できます。

ソファの長さを60とすると、コーヒーテーブルの長さは40となり、ソファの3分の2の長さのテーブルを置くことで調和が取れます。

小物や飾り物に関しても同じことがいえます。

コーヒーテーブルに飾り物を置く場合、テーブルの表面の6割は何も置かない。ソファにクッションを置く場合も、6割は何も置かない。

壁に額をかける場合、壁の3分の1、または大きな額がお好きな場合は3分の2の大きさを選ぶのもいいでしょう。

家具の上に額をかける場合、天井より家具に近い位置にかけ、ソファなどの家具と額との空間を40%、天井までの空間を60%空けることでバランスが取れます。

（なお、配色の黄金比は、日本では70：25：5に対して、欧米では60：30：10です。そのため、お部屋の大きさに対して家具の比率も、ミニマリズムの日本では60：30：10、または60：40よりも70：25：5を好む方もいらっしゃるかもしれません）

黄金比(60:30:10)を取り入れたお部屋には、このようなものがあります。

小畠のキッチン・ダイニングルーム

60%が薄い色、10%がアクセント。

配色の黄金比:60%が薄い色（壁、天井、床、壁、ブラインド）、30%が濃い茶（ダイニングテーブル）、10%がワインカラー（タイル）。
配置の黄金比:(部屋のスタイリング)、4脚の椅子を出せば、場所を取るため、部屋に対して空間が40%になります。

友人・エテルの居間

ソファに座って団らんできるように配置。

暖炉をフォーカルポイントにし、コーヒーテーブルを中心に、みんなが団らんできるようソファが配置されています。
配色・配置の黄金比:ターコイズ色のソファが30%、ワインカラーのコーヒーテーブル、絨毯の模様、柱がアクセントカラーになっています。

友人・みゆきさんの居間

10%のカラフルさが引き立っている。

配色・配置の黄金比：白い壁と天井が60%、ベージュ色のL字型の大きなソファや机が30%、カラフルなクッションや壁掛けが10%。心地よく落ち着きある居間に、楽しさと元気を与えてくれる絵画やクッションがポイントです。

「今の自分のお部屋、しっくりこない……」という場合は、黄金比を参考に、カーテン（60%）・テーブル（30%）・クッション・壁掛け（10%）を見直してみませんか？

英国豆知識コラム3

ツーアップ・ツーダウン

Two-up two-down

ツーアップ・ツーダウンは、2階建てのこぢんまりとしたテラスハウスを指します。

1階には居間と台所があり、2階には寝室が2つあります。

トイレは外にあり、1875年までは数件で共有していましたが、その後は外とはいえ、公共衛生法により1軒ごとにトイレが設けられるようになりました。

もともと鍛冶屋や肉屋など、一般の労働者階級向けに建てられていて、1軒に20人も暮らしていたともいわれています。やがて土地再開発により、おしゃれな通りに生まれ変わった地域もあります。写真はRoupell Street。

第3章

玄関・居間・寝室の「3つの部屋」をおさえる

~ Front door, front room, bedroom ~

1 まずは「3つの部屋」で、自分らしさを表現する

「住まい」といっても、お屋敷のように何部屋もあるお宅もあれば、大きさにかかわらず、ワンルームもあるでしょう。

最近は、空間に連続性をもたせるオープンプランのお部屋も人気なので、部屋としての区切りがないこともありますが、それぞれの空間にはそれぞれの役割があります。

したがって、壁やドアで仕切っていなくても、各自の役割を果たす場所を「部屋」として見ていきましょう。

玄関、居間、台所、寝室、トイレ、洗面所、風呂場など、いろいろな部屋がありますよね。

ライフスタイルによって、どこで長く過ごすかは人によって異なります。

たとえばお料理の好きな人なら、台所が一番長く過ごす大好きな部屋になると思い

ますし、ゆったり団らんできるダイニングテーブルが居間にあれば、居間で過ごすのが一番長く、最も心地よく感じるでしょう。

その中でもせめて、「玄関」「居間」「寝室」の3つの部屋を自分らしい部屋になるようにアレンジしましょう。

玄関は誰もが出入りに利用する空間ですし、ライフスタイルにもよりますが、住まいの中でも最も長く過ごす部屋は、居間と寝室といえるはずです。

そこで、この3つの部屋に注目して、どうすれば自分らしい英国式のインテリアを取り入れられるか、ご紹介していきます。

友人・みゆきさんの居間。親子でリラックスできる。

2 ドアの色が明るいと、家に帰るのが待ち遠しくなる――玄関①

ヴィクトリア朝では、ドアの色として、ダークグリーン、ロイヤルブルー、ダークレッド、黒が流行っていました。我が家もロイヤルブルーのドアにしています。

最近は鮮やかなオレンジやピンク、黄色いドアも珍しくなく、住んでいる人の趣味が見受けられて楽しいです。

ドアに窓がないものもありますが、通常、金具のノッカーが取り付けられていて、郵便受けもあります。

私の場合は、古いドアを取り扱う専門店から百年以上前のヴィクトリア朝様式の4つのパネル入りの赤い木製のドアを購入。自分でデザインしたステンドグラスを専門店で作ってもらい、上部2つのパネルとドアの上におそろいのデザインをはめ込み、ドアの色をロイヤルブルーに塗ってもらいました。

◆ ドア

小畠のドア。最初はインターフォンがなかったのですが、電気屋さんが「お宅のドアは古くて美しいから、痛めないよう、ドアの横にインターフォンを取り付けてあげる」と言って取り付けてくれました。
ドアは Historic Doors で購入。ステンドグラスは Silver Stained Giass で作成。

◆ 玄関

小畠のドア。中心にはイングランドのバラの紋章・チューダーローズが。

日本ではお正月に門松を飾りますが、英国ではクリスマスになるとドアにリースを飾ります。最近はイースター（復活祭）にも飾ったり、お子さんのいるお宅では、玄関をハロウィーンのデコレーションで飾るところも増えてきました。

玄関の印象はドアだけでなく、ドアにたどり着くまでの通路も大いに影響します。

玄関までの通路にはタイルが貼られていることが多く、ヴィクトリア朝時代は赤と黒や、白と黒の組み合わせが特徴です。

通路に沿ってラベンダーやバラが植えられていることもあり、そのタイルの上を歩きながら、玄関に辿り着くまで、花々の香りと美しさにうっとりしてしまいます。

◆ 玄関までの通路

友人・リズの玄関に咲くラベンダー。玄関までの道もワクワクします。

◆ クリスマスリース

個性豊かなリース、見ているだけで楽しくなります。

友人・リズの玄関。タイルの上を歩く道も楽しめます。

3 「すぐ目につくところ」をポイントにする——玄関②

ドアを開けたら、「いらっしゃい」とか「お帰りなさい」と、笑顔で「Welcome!」と、あたたかく迎え入れてくれる、そんな玄関は嬉しいですね。

そして、自分らしい玄関であることがカギです。

そのためにはまず、「ドアを開けたら何が見えるか」ということを念頭に置く必要があります。

なぜなら、それが家の第一印象だからです。

家の構造によりますが、土間、階段、廊下、ドアが視界に入ったり、いろいろな装飾品が目に入ることもあるでしょう。

そこで英国式の玄関の例をご紹介します。

小畠の階段。玄関を開けると見える美しい階段は人目を引く。愛犬は普段、自分で階段を昇り降りしますが、この日は撮影向けに特別に抱っこ。

・土間——靴はいつもきちんとそろえる

英国では室内でも靴を履く習慣があるので土間はなく、玄関から絨毯やフローリングやタイルが敷いてありますが、近年は室内で靴を脱ぐ人も珍しくなくなりました。日本では土間があり、靴を脱ぎますよね。

いずれにせよ、「ドアを開けたら靴が散らかっていた」という第一印象は避けたいものです。

・階段——階段がある場合、絨毯を敷く

階段が玄関から見えることは多く、第一印象に大きく影響します。

木目の美しさを生かした階段もあれば、白や黒などといった色のペンキで塗られていたり、絨毯が敷いてあるものもあるでしょう。

◆ 階段と絨毯の配色

友人・カイルの階段。色に注目。

手すりも、木目を生かしたものもあれば、白や黒のペンキが塗られたものもありますし、手すりは黒で、その柱は白や銅製という場合もあります。

階段の絨毯にはステアランナー（ステアランナーラグ）という種類もあり、板の中心だけ絨毯を敷き、両サイドは木目を露出させるタイプもあります（99ページの私の階段をご覧ください）。

ステアランナーは、階段の板を守りつつ、絨毯と板の両方を楽しめるスタイルです。

階段カーペットロッド（カーペットホルダー）は、絨毯がよれないよう押さえ込む金具です。

現在では絨毯貼りの技術は進み、ロッドがなくても絨毯はよれませんが、アクセサリーとしてロッドをつけることでクラシックな雰囲気を出すことができます。

◆ カーペットロッド

小畠のカーペットロッド。壁は淡いベージュで階段は白。ステアランナーもベージュにし、どんぐりの形をしたヘッドのついたブロンズのロッドを加えることで、アクセントに。

・照明――自分らしく照らす

あたたかく迎え入れる場所として、照明は大きな役割を果たします。

自然光の入る玄関でも夜は照明が必要です。

機能性だけでなく、自分好みの照明を取り付けることで、自分らしさが生きてきます。

シーリングランプ、ウォールランプ、また靴箱などの上に置く小さなランプなど、いろいろなものがあります。

天井が高ければペンダントライトや華やかなシャンデリアが合いますし、色や模様の美しいアールヌーヴォーの雰囲気を楽しめるティファニーランプもいいでしょう。

・傘立て・杖立て――陶器製で、玄関全体を上品にする

◆ 玄関の照明

小畠の玄関照明。廊下を優しく灯してくれます。

傘立てさえも妥協しないのが英国人です。

18世紀の英国では中国の陶器は貴重な贅沢品として人気を呼び、食器に限らず、傘立てにも陶器のものがありました。

また、杖にもいろいろな種類があり、飾る場所として玄関はもってこいです。

傘立ても杖立ても、ネットショップやオークションサイトで購入できます。

・絵画や写真――玄関にインパクト

あなたは、油絵や水彩画、肖像画や家族写真を飾っていますか？

どんなものを壁に飾るにせよ、こ

◆ 写真

友人・フィオナの家族写真。壁一面幸せが詰まっていて愛犬・ボウイも嬉しそう。

◆ 傘立て

小畠の傘立て。陶器の質感と柄がアクセントに。

こでは自分らしさを存分に発揮することができます。

大きな額をひとつかけてもいいですし、子供たちの成長を追った写真を壁一面に覆うように飾れば、あたたかく幸せな空気に包まれます。

アンティークショップ、リサイクルショップをのぞいてみても、掘り出し物が見つかるかもしれません。

◆ 肖像画

友人・エテルの玄関。ご主人・フィルがアンティークショップで気に入って買った肖像画があります。

・鏡――自分を映すからこそ額にこだわる

鏡は光を集め、空間を広く見せてくれるだけでなく、外出前の身だしなみにも欠かせない一点です。

等身大のサイズが望ましいですが、そこまで大きくなくても好みの額を選ぶことで

いくらでも自分らしい空間が生まれます。

目線が鏡の中央に来るように鏡をかけるものですが、靴箱などの上にかける場合は、靴箱から15～20センチの間隔を置くといいでしょう。

・香り――香りで、ぐっと自分らしくなる

第一印象は見た目だけでなく、匂いも大いに影響します。

玄関に入るとほのかに好みの香りが漂っていたら気分いいですね。

生花であれば見た目も美しく、自然な香水を放ち、ルームスプレーやディフューザーは玄関に限らず、どの部屋にも持ってこいです。

ディフューザーの作り方については151ページでお伝えいたします。

玄関の鏡

小畠の玄関の鏡。主人がアンティーク店で見つけたもの。

4 広いからこそ、焦点をはっきりさせる――居間①

居間は、1人で静かに過ごすにしても、大勢で楽しむにしても、自分にとって心地いい場所です。

そこにいると嬉しくなるようなインテリアに囲まれたいですね。

部屋の形や大きさによって家具の配置は異なりますが、まず居間のドアを開けたら何が見えるかをまず確認しましょう。

「わーっ、素敵！」と思うか、「なんの部屋？」と思うか。

または「センスがあるなあ」と思うか、「落ち着かない」と感じるか。

それが居間の第一印象だからです。

居間の構図を考えるとき、まずフォーカルポイント（どこを焦点に置くか）を決めてください。

友人・エテルの居間のひとつ。真ん中の飾り棚がフォーカルポイント。
お気に入りの本や陶器を飾っています。

英国の場合、古い物件には暖炉のある部屋が多いので、暖炉を焦点に置き、ほかの家具の配置を検討します。

暖炉がない場合は、テレビや絵画などがフォーカルポイントになるでしょう。

また、白以外の色で壁を塗ったり壁紙を貼ることもありますが、テレビのある壁だけにペンキを塗ったり壁紙を貼れば、いっそう焦点がはっきりします。

一面だけなので、部屋を狭く見せる恐れもありません。

テレビの用途はさまざまで、テレビ番組を観るだけでなく、テレビゲームに使ったり、大きなスクリーンで映画を鑑賞したりすることもあるでしょう。

男性は特に、ラグビーやフットボール（サッカー）やクリケットなどのスポーツ観戦に、大きなスクリーンを好む傾向があります。

前章でご紹介したとおり、黄金比を念頭に置き、家具を置いても床面積の4割は何もない空間を残すことで、バランスを保つことができます。

お部屋のバランスを考えるときは、黄金比を忘れないようにしましょう。

友人・みゆきさんの居間。
テレビと棚が部屋のフォーカルポイントになっています。
床には色のあるものを入れず、バランスを保っています。

5　火を灯さなくても、あたたかさをアレンジできる――居間②

英国では、居間に明るすぎる照明をつけることがありません。
そのため、照明やランプを用いたり、ろうそくを灯したりと、雰囲気のある照明のほか、本棚や飾り棚がインテリアの一部としてなじんでいることが多いです。

・暖炉――インテリアの一部に
最近の暖炉は薪や石炭に見せかけ、実際はガスや電気に取って代わっているものがほとんどです。

大半の家庭ではセントラルヒーティングのラジエーター（蒸気や

◆ 暖炉

小畠の暖炉。暖炉は使用せず、ＬＥＤのろうそくを飾ることがあります。

温水を利用した暖房装置の放熱器）を使用しているので、暖炉を使わなくても家の歴史の一環として、部屋のフォーカルポイントになっています。

薪を置く場所にフラワーアレンジメントや、植木やろうそくを飾る人もいます。

・照明——ろうそくがなくても雰囲気は作れる

第1章で触れたように、英国人の目の色は薄いので、太陽光線だけでなく、部屋の照明もあまり明るいものは好みません。

ろうそくはムードが出ますし、灯すといい香りのするものもあるので人気がありますが、火事のもとになる恐れがあります。

そのため、最近はあたかも炎がゆらゆら揺れているように見えるＬＥＤのろうそくがあります。

・飾り棚——飾り物を収納する棚にもセンスを散りばめる

飾り物を棚の中に入れて楽しみたい人と、棚に入れずに外に飾りたい人がいると思いますが、飾り棚も、色や形状によって居間になじむものになります。

・クッション――コーデは無限大

クッションの色がソファとおそろいであれば、同化してしまい、クッションは目立ちません。

一方、異なる色のものがあれば、クッションに視線が集まり、楽しいインテリアになります。

クッションの数は、一般的に2シーターのソファには2つから4つのクッションが妥当で、3シーターでは4つから6つが妥

◆ **飾り棚**

小畠の飾り棚。一人暮らしを始めたとき、渋谷の伊勢丹で見つけた英国の飾り棚。現在は我が家の居間に溶け込んでいます。

◆ **クッション**

友人・フィオナのクッション。ソファと同じ色や模様を選べば統一感が出ますし、異なる色や柄を持ってくることで、インテリアのアクセントとして個性を引き立たせることができます。

当でしょう。

・机――置く場所は書斎や勉強部屋に限定させない

ワンルームや、部屋の構図によって机を勉強部屋や書斎に置けない場合、居間に置いてもいいでしょう。**その場合、その机が浮いて見えないよう、素材や色、デザインなど、何かを統一させることで全体的に調和が取れます。**

家具の足を猫足でそろえたり、オーク材や金の装飾でそろえるなど、可能性は無限大です。

◆ 机

小畠の仕事机。オフィス部屋には暖炉があり、ディフューザーや置き時計をその上に飾っています。

6 寝室に赤のものは使わない
――寝室①

寝室は、1日の疲れを癒やし、明日への元気を補う環境であることが大切です。ドアを開けると、部屋中、物が散乱していたり、目の覚めるような斬新な色の壁や絵に囲まれたら落ち着かず、かえって興奮して眠れません。

・寝室の色使い――淡い色を中心にし、心を落ち着かせる

赤は元気の出るエネルギーを発し、交感神経を刺激するといわれているため、寝室に赤を使うことは避けたほうがいいでしょう。

壁やカーテン、ベッドといった大きな面積には、心を落ち着かせるライトブルー、グリーン、ラベンダー、クリーム、グレーなどがおすすめです。

小畠の寝室。「夫婦喧嘩の絶えなかったカップルが、寝室の色を赤から青に変えたら喧嘩をしなくなった」という話も聞いて、私も寝室に赤を使用するのは避けています。

・ベッド——シングルベッドでも枕は2つ以上

寝室のインテリアを考えるとき、まずベッドに焦点を置くといいでしょう。

ベッドにはいろいろな種類があり、ベッドヘッドの高いものも低いものもありますし、ベッドヘッドには布張りのものやファームハウス風のパイン材や金属製でできた、すのこベッドヘットもあるでしょう。

「シングルベッドには枕はひとつ」という考えは間違っていませんが、ベッドは横たわるだけでなく、枕を重ねて、起き上がって紅茶やコーヒーを飲みながら本を読む場にもなり、団らんの場にもなります。

そのため、「シングルベッドでも枕は2つ以上、クッションを加えるなら5つ置くといい」と推奨する人さえいます。

枕の数は、ミニマリストならより少なく、マキシマリストはより多く、と考えるのが妥当でしょう。

友人・エテルのゲストルーム。
すのこベッドの上品な金属製のヘッドボードが安眠を誘います。

・ベッドサイドテーブル――引き出しに小物を収納する

ベッドサイドテーブルとは、名前の通り、ベッドの横に置くテーブルです。**ランプやメガネ、本などを置くことができるため、引き出しもあれば収納ができて便利です。**

ダブルベッド以上のベッドなら、置くスペースさえあれば両サイドにあると便利ですし、インテリアのバランスも取れます。

・クローゼット――木材のものなら、どんなお部屋でも合わせやすい

◆ ベッドサイドテーブル

小畠のベッドサイドテーブル。ベッドの素材や色や大きさとの調和を意識。

木材のひとつであるオークやマホガニー素材でできたクローゼットは、特にアンティークの家具であれば部屋に趣が出ます。

そうでなくても家具の素材や色を統一させることで調和が取れ、部屋に落ち着きが生まれます。

備えつけのワードローブであれば、収納スペースが豊富にあるので、クローゼットを置く空間が空き、部屋を狭くすることがなくなりますね。

◆ クローゼット

友人・カイルのアンティーククローゼット（右）と、カイルのゲストルームのアンティーククローゼット（左）。アンティークでも、こんなにお部屋にぴったりのものがありました。

7 ちょっとした工夫をして、ガラッと印象を変える——寝室②

大掛かりなことをしなくても、小物をアレンジするだけで、寝室がぐっと英国風になります。

ベッドランナーやベッドスプレッド、卓上ランプなど、あなたもぜひ取り入れてみませんか？

・ベッドの差し色——一気にホテルの雰囲気に

ベッドランナー（ベッドスロー）とは、ホテルでもよく見かける、ベッドの足元の位置に帯状に敷く

◆ ベッドの差し色

友人・カイルはベッドスプレッドを半分にたたみ、ベッドの下半分にかけることで、ベッドランナーと同じ用途で使っています。

布を指します（69ページの写真参照）。
また、羽毛布団や毛布の上に、布製カバーであるベッドスプレッドをかけることで、インテリアに変化をつけることができます（120ページの写真参照）。**「ベッドまわりの素材を取り替えれば、簡単に部屋の雰囲気を一変できる」というメリットもあります。**

・卓上ランプ――明るさを調節できるものがベスト

寝室は寝る部屋なので、明かりを調整できるディマー機能のついた照明は便利です。**部屋のインテリアに合わせた色やスタイルのランプシェードを選べば、部屋の調和が取れますし、ベッドサイドテーブルに卓上ランプがあると、本を読むときにも便利です。**

モダンなものからレトロなもの、ティファニーランプからシャンデリアなど、

◆ 卓上ランプ

小畠の卓上ランプ。ディマー機能で明るさを調節して、寝る前に本を読むことも可能。

いくらでも自分らしさを楽しめますので、ランプにはこだわってください。

・ブラインドとシャッター——カーテンよりもおすすめ

外から室内が見えないよう、また遮光を目的に、以前はどの部屋の窓にもカーテンをかけるのが通例でしたが、最近はブラインドやシャッターを取り付ける家庭が増えています。

ローラーブラインド（ロールカーテン・ロールスクリーン）は上部にあるロールパイプが生地を巻き上げるしくみになっていて、ローマンブラインド（ローマンシェード）はカーテン生地をたたみ上げて開閉するタイプです（右下の写真参照）。

いずれもカーテンよりも平たく収まるので、部屋の空間を広く保つことができます。

またプランテーションシャッター（ルーバーシャッター）は、木製や木製に似せた

◆ ローマンシェード

友人・エテルのフラットにある寝室のローマンシェード。平たいので場所を取らず、きれいな色や模様で部屋を美しく彩ります。

素材を使い、羽根板の角度や間隔を調整することで、日差しや風通しを調整できます。

窓の左右に開けば窓の全面が見え、上下にわかれたシャッターなら、下部のシャッターを閉じることでプライバシーを守り、上部を開けて部屋に光を入れることができます。

日本でも、ロールカーテン・ロールスクリーンやローマンシェードはネットショップでも販売されています。

プランテーションシャッターも、値段は高いものもありますが、ネットショップで購入可能です。

◆ プランテーションシャッター

友人・カイルの寝室にあるプランテーションシャッター。ほかの家具と色を合わせ、部屋に落ち着いたエレガンスをもたらします。

英国豆知識コラム4

ダブルフロンテッドハウス

Double-fronted house

ダブルフロンテッドハウスとは、玄関が家の正面中央にあり、その両側に大きな窓のある一軒家です。

通常2階か3階建てで、前と後ろに庭のあるゆったりとした家です。

両隣と壁を共有していればテラスハウス、片方だけであればセミデタッチドハウス、壁がほかの家と隣接せず孤立していればデタッチドハウスと呼びます。

写真は、趣あるダブルフロンテッドハウス。玄関の右側の窓はベイウィンドー（出窓）で左側は上下に開け閉めするサッシウィンドー。

第4章

小さな工夫で「似合う住まい」にアレンジする

〜 Simple tips 〜

1 掘り出し物を、お手頃に手に入れる

自分好みのインテリアや家具と出会い、「Wow!」と心が躍ったのに、値札を見て、がっくりきた……そんな経験はありませんか？

私は何度もあります。

でもそんな経験を経た末、「大枚をはたいても、必ずしも自分らしい空間が手に入るわけではない」ということを学びました。

自分らしいインテリアとは、まずは自分が好む、自分に似合う家具や空間を明確にすることから始まります。

そして、その上で、どのようにして手に入れるかを検討していくのです。

ほしい物のスタイルや色、大きさや素材に納得し、値段も合えば、店頭で買う、あるいは特注する方法があるでしょう。

そのすべての条件がそろわない場合は、「セカンドハンド（中古品やリユース）の物を買う」という方法があります。

購入後、自分で磨いたり、張り替える必要があるかもしれませんが、自分が求めていたものにアレンジすることができますし、金銭的にもかなり節約ができます。ではここで、セカンドハンドの入手方法をご紹介していきます。

・eBay（イーベイ）——オークションのオンラインショップ
eBayとは、新品の物やセカンドハンドの物を扱うオンラインショップです。
値段が最初から定まっているものもあれば、オークション形式で購入するものもあります。

小畠のアームチェア。eBayで購入時、座り心地がよく、布地もすり減っていませんでした。色や花柄模様が居間と合わなかったので、カーテン屋さんに頼んでピンクと白の縞模様の布地に張り替えてもらいました。

・オークション——直接商品を見て、購入を検討できる

アンティークやヴィンテージものを求めてオークションハウスに出向くか、オンラインのオークションで購入することもできるでしょう。

現場に行けば、自分の目で見て手に取ることができるという利点があります。

また、実物を確認したあと、オンラインで購入することもできます。

私の場合、はじめてのオークションは緊張しましたが、経験は慣れとなり、その後、シェーズロングのソ

小畠がオークションハウスではじめて購入した、ヴィクトリア朝時代に作られたかわいらしい椅子のペア。

ファ（座面が長く、脚をゆったりと伸ばして短い時間横になれるソファ。下の写真参照）もオークションで買いました。

オークションハウスは日本にもあるようです。

ぜひチェックしてみてください。

・チャリティショップ——エリアで探すのが一番

英国にはチャリティショップが1万軒以上あり（2024年3月現在）、服飾を扱うところがほとんどですが、なかには家具や電気製品を

小畠のシェーズロングのソファ。ヴィクトリア朝時代のもの。布地は色あせて破れていたので、もともとあった詰め物は残し、新たにクッションを加えて、ベージュの布地で張り替えてもらいました。

扱うところもあります。

以前、友人から「身近に住む人が寄付するので、高品質の物を探すなら、より裕福な地域に行くことがコツだ」と教えてもらい、そのアドバイスに納得しました。

・ディスカウントショップ——売れ残りでも福がある!?

TK Maxx（ティーケーマックス）を始めとして、売れ残った前年度のブランド品を格安で売るディスカウントショップがあり、服飾から家庭用品まで扱っています。

売れ残りなので、何を売っているかはその場に行かないとわかりませんが、探していた物があれば、大変お得な値段で新品を入手できます。

日本にもリユースショップやメルカリ、骨董市など、さまざまな方法でセカンドハンドの品をディスカウント価格で手に入れることができますよね。

本当にほしい物や、ちょうどいい値段に合った物を見つけるために、常にアンテナを張っているといいでしょう。

そうすれば、いざ探していた物と出会ったときに、迷うことなく購入できます。

2　歴史のある、折りたたみ式テーブル

これまで、自分に似合う住まいを作る方法について、さまざまな例をあげながらご紹介してきました。

大掛かりな改装をしなくても、ちょっとした工夫で、いくらでも自分好みに変えることは可能だということが少しでも伝われば嬉しいです。

ここではさらに、日本にいても取り入れやすい小物について、英国式の住まいを念頭に置きながら、もう少し取り上げてみましょう。

・折りたたみ式テーブル——アンティーク店でひとめぼれ！

部屋の空間を有効に使うために、用途に応じて開閉できる折りたたみのテーブルは大変重宝します。

我が家にある折りたたみのダイニングテーブルは、私が20年以上前、はじめてフラット（マンション）を購入したときに買ったものです（133ページ参照）。

当時、ロンドンブリッジ界隈にはアンティーク店がたくさん並んでいたので、私は毎週末のようにのぞきに行き、そこで求めていたテーブルとおそろいの4つの椅子を見つけました。

そのお店は倉庫のような広い2階建てのお店で、このテーブルに出会ったときは埃まみれ。椅子の布の部分は破れていたのです。

ショップの方に、「ワインレッドのベルベット布地が余っているから、座る部分を張り替えてあげる」と言っていただき、買うことを決意。私のもとに届いたときは見違えるように美しい姿に生まれ変わり、感動したことを思い出します。

そして、その後、別のフラットに引っ越したとき、新たな部屋のインテリアと調和するよう、再び布地をベージュに張り替えてもらいました。

このテーブルは1930年頃に作られたものと推定され、100年経とうとしているので、もうすぐれっきとしたアンティーク家具になるでしょう。

小畠の折りたたみテーブル。広げているときや折りたたんでいるときも植木や花を飾ることができ、オーク材の艶を保つために、時々蜜蝋ポリッシュ（働き蜂の腹部にある分泌腺から分泌するロウでできた艶出し）でテーブルと椅子を磨いています。

3 ドア周りをちょっとしたアクセサリーで楽しむ

ドアのデザインや色を取り替えることで、自分らしさを生かすことができるって知っていますか？

ドア自体を取り替えるのが難しい場合でも、ドア周りのアクセサリーを取り替えるだけで、一気に自分に似合うインテリアに仕上げることができるのです。

ドアノブはアンティーク店に限らず、オンライショップや骨董市で見つけることができますし、海外を旅行したときに気に入ったものが目に止まれば、それを買って帰って取り付ける、というのも楽しいですね。取り付けも難しくありません。

部屋のインテリアに合わせる、もしくはそばにある部屋の取っ手の色と合わせることでも調和が取れます。

・ドアノブ——ドアノブさえも、英国流になる

ドアノブには木製、シルバー、ゴールド、銅、ブロンズ、鉄、クリスタル、模様の入った陶器など、いろいろな素材がありますし、形状も、丸いものやハンドル型、まっすぐなデザインからカーブの入ったレバーもあります。

シンプルですっきりしたものもあれば、彫刻のようなデザインの入ったものもあるでしょう。

◆ **ドアノブ**

小畠の階段下のトイレ（61ページ）のドアハンドル。台所のドアノブを含め、居間や玄関のドアはブロンズなのに、この取っ手だけシルバーでモダンなデザインのために浮いていたので、ブロンズに取り替えることに。

好みのドアノブを部屋全体のインテリアと合わせるだけで、一気に調和が生まれます。

・ドアストッパー――動物アイテムもいい！

ドアを開けておきたいとき、ドアストッパーを置くことがありますよね。

ネットショップをチェックしてみると、さまざまなドアストッパーが販売されていて、銅や鉄製、木製の飾り物もあれば、重石の入ったぬいぐるみの物もあるようです。

気に入ったものなら、見るだけで楽しくなりますね。

◆ ドアストッパー

友人・リズのドアストッパー。にわとりとかもめがかわいらしい。

・ドアノッカー——英国では、ここがポイント

英国では、自分の手で玄関をノックする代わりにドアノッカーを使います。

ドアノッカーの歴史は古代ギリシャの時代にさかのぼり、富豪のギリシャ邸宅では、当時「来客のあるときは、重い金属に繋いだ奴隷にドアを開けさせた」という残酷なエピソードがあるようです。

英国では16世紀から、ドアノッカーが各家庭に普及し、19世紀には、鋳鉄《ちゅうてつ》から真《しん》鍮《ちゅう》で作られたものに取って代わりました。

ライオンの顔や人の手の形をしたものもありますが、我が家のノッカーは郵便受けと合わさったデザインになっています。

◆ ドアノッカー

小畠のドアノッカー。ステンドグラスがあるので、あまり目立たない種類を選びました。

・ホースシュー（馬蹄）――幸運の証！

英国の玄関の扉には、玄関や門の外にホースシュー（馬蹄）がかかっていることがあります。

開きを上に向けてあることが多いですが、これは「U型にかけることで幸運を受け取ることができる」という意味があります。

一方、開きを下向きにしたとしても、「幸運が下に落ちて、悪例を追い払う」という考えがあり、どちらであっても幸運をもたらすとされています。

・電気スイッチ――ここにもこだわって、住まいに妥協しない

電気をオン・オフする電気スイッチは、通常壁に備えられていますよね。

ドアノブと同じで、ほかのインテリアに合わせて、白に限らず、シルバー、ブロン

◆ **ホースシュー**

友人・フィオナのホースシュー。同じように玄関にもかけているので幸運が舞い込むこと、間違いないですね。

ズ、黒など、色や素材を統一させ、好みのスタイルを取り入れることで、より自分らしさが生きてきます（賃貸物件で電気スイッチを取り替えるには大家さんや管理会社と話し合い、有資格者による配線工事が必要のようです）。

・引き出しの取っ手――取っ手も自分流にする

引き出しの取っ手も自分らしいものを取り付けることができます。

好きな動物の形なら、かわいいだけでなく、部屋のちょっとしたアクセントになるでしょう。

このように、ドア・扉・取っ手さえも、英国人はこだわりを加えます。

◆ 電気スイッチ

友人・カイルの電気スイッチ。真鍮素材でできたアンティーク風トグルスイッチがかわいい。

◆ 引き出しの取っ手

友人・カイルの引き出しの取っ手。うさぎがなんとも愛らしい。

4　使い道を変える

自分好みの家具や小物がなかなか見つからないという場合、「使い道を変える」という方法があります。

すでに持っている物を使えば、一種のリサイクルにもなりますよね。

・ダイニングテーブルからベッドのヘッドボードへ

ある友人は、ダイニングテーブルを気に入って買ったものの、部屋のインテリアとうまく調和しな

◆ ヘッドボード

友人・カイルのヘッドボード。ダイニングテーブルを縦に取り付けて素敵なベッドボードに大変身。

くて使わずじまいだったようでした。

当時、気に入ったベッドのヘッドボードが見つからず、悩んでいたところだったので、そのダイニングテーブルをヘッドボードに作り替えて再利用。

こんなアレンジ法もあるようです。

・ふきんからクッションへ
英国では食器を拭くふきんを「ティータオル」と呼びますが、リネンや綿でできていて、おおよそ70cm×45cmのゆったりした大きさです。

その上、いろいろな模様やデザインがあるのですが、このティータオルでクッションを作ることができます。


次ページにご紹介いたします。

＊ティータオルでクッションを作る方法

材料：ティータオル１枚、裏地（ティータオルの半分サイズ）２枚、ファスナー

1. まずティータオルの幅を測り、入れたい模様や絵が正方形の中央になるように印を付けます。

2. 次にクッションの後ろ側にくる裏地を２枚用意し、ファスナーでつなぎ合わせるように縫い付けます。

3. 裏返し、詰め物を入れて、完成。

コツ：裏地の大きさは、縫い代分も含めるようにしてください。また、カバーより数センチ大きいクッションの詰め物を選ぶと、ふっくらとした仕上がりになります。

友人・カイルのクッション。猫の絵の入ったフォートナム＆メイソンのティータオルをクッションに。まさか「ふきん」だったとは想像もしません。

・塗り絵の見本をボタニカルアートに

ボタニカルアート（植物を写実的に描いたアート作品）は落ち着いた上品さがありますが、オリジナルのものを購入する場合、案外高価であることも少なくありません。

しかし、お金をかけずとも、その雰囲気を楽しみたいならば、塗り絵の本を使って代用することができます。

塗り絵の本には完成したカラー見本が入っていますよね。

そのページを切り抜いて部屋に合うお気に入りの額に入れて壁にかければ、本物にしか見えません。

・ミシンからテーブルへ

プロローグでもお話ししましたが、足踏みのブラザーミシン

◆ ボタニカルアート

友人・カイルのボタニカルアート。塗り絵の見本は美しく描かれているので、こんな素敵なボタニカルアートに仕上がります。

は母の結婚祝いのもの。

特に小学校時代の服はすべてと言っていいほど、母がこのミシンで私の服を縫ってくれました。

電動ミシンに取って代わり、粗大ゴミ行きかと諦めていましたが、ロンドンまで運送し、現在では我が家の居間の片隅に置き、仏壇を置くテーブルとして使っています。

あなたも、もし使っていないミシンやオルガン、椅子があれば、素敵なアンティークに変身させることができるかもしれません。

レコードやダイヤル式電話機、タイプライター、カメラもいいですね。

◆ テーブル

小畠のミシン。日本文化になじみのない方も「祖母のミシンはシンガーだった」と目を輝かせて嬉しそうに話す人がいて、今ではすっかり居間の家具のひとつとしてなじんでいます。

5 小物でインテリアを生かす

自分の好きな小物や飾り物は、インテリアにいっそう彩りを与えてくれます。目覚まし時計だって、立派なインテリアです。

単に時間を知るためだけでなく、どんな時計を部屋に置くかによって雰囲気は一変します。

使わなくなったラジオやいただきもののティーカップも、インテリアに早変わり。あなたも、家に眠っている小物を、お部屋作りに生かしてみませんか。

・時計——素材と大きさを楽しめるものを選んで置く

英国のインテリアでよく見る時計には、いろいろな種類があります。

たとえばアンティークの木製のものや陶器でできたコールポート（イギリスの陶磁

器ブランド）の置き時計。

ガラスや木製、金属でできたものもあります。

また、懐中時計を並べて飾れば、気軽に手に取って楽しめます。

目覚まし時計やデジタル時計、鳩時計や大きな古時計など、シンプルなものからゴージャスなものまであるでしょう。

◆ 時計

小畠の時計。大学時代の友人のお母様からいただいた銀座和光のかわいい置き時計。暖炉の上に置いて今も愛用しています。

・ラジオ――レトロなものほど存在感がある

今の時代、ラジオがなくても携帯電話さえあれば充分ですが、レトロなラジオはインテリアのひとつとして、ノスタルジックな雰囲気を漂わせてくれます。

我が家にはじめて愛犬を迎えたとき、「新しい環境に慣れるよう、夜寝るときはラジオを流しておくといい」とブリーダーさんにすすめられ、愛犬用に小さなレトロ風のラジオを購入。
心穏やかに眠れるように、今でも夜はＦＭのクラシックを流しています。

・家族写真、ティーカップ――お気に入りのものは「見せる」ことで輝く

家族写真を壁やテーブルに飾ることは、英国を始め、欧米のインテリアには多く見られます。

シルバーのフレームに入れればクラシックで落ち着いた雰囲気になり、木製やカラフルなデザインに入れれば個性を生かした雰囲気になります。

ティーカップやポットは食器棚にしまうだけでなく、外に並べることで、美しさが身近に味わえますので、これも楽しみ方のひとつです。

◆ ラジオ

小畠のラジオ。愛犬用に買ったものですが、私もこのラジオでクラシックを聞くようになりました。

友人・エテルの台所。英国のブランドであるコールポートやウスターのティーポットを並べて飾れば、きれいなだけでなく、「今日はどれを使おうかしら」とウキウキしますね。

6 目に見えるもの以外に香りの力も大きい

目で楽しむだけでなく、自分好みの香りが漂うだけで、一段と理想の住まいに近づきます。

私はほのかに香りの漂う部屋が好きで、以前はディフューザーを買っていました。もともとナチュラルなものは好きでしたが、主人には喘息があり、愛犬とも暮らすようになってからは、健康に弊害のない、人間にも動物にも安全で優しい材料を選ぶようになりました。

あなたも好みの香りで部屋を満たしてみてください。

ではここで、私が実際によく作るディフューザーのレシピをご紹介します。

*ディフューザーの作り方

・ディフューザー用のグラス

専用グラスでなくても、家にあるガラス容器を使うのもいいでしょう

・ラタンリード（藤）でできたスティック

オイルを吸い上げ、香りを放つ役目をします。カラーはナチュラルや黒などがあるので、インテリアに合わせやすいです。

太さや本数を変えることで、香りの度合いを調整できます。使用始めのときや香りが薄くなったときは、リードをひっくり返すことで、再び香りを放つようになります。

・エッセンシャルオイル

augeoというグリセリンからできた可溶化剤を用意（私はamazon.co.ukで購入しています）。

100gのディフューザーを作るためには25gのエッセンシャルオイルに75gのaugeoを加えます。augeoの代わりに無水エタノール、ウォッカ、ベニバナ油なども使用できます。

フローラル

〈使用するエッセンシャルオイル〉

ラベンダー22滴、イランイラン9滴、フリージャ9滴、ジャスミン9滴、（私は100gのディフューザーを作るために、この10倍の容量で作成しています）

シトラス

〈使用するエッセンシャルオイル〉

ネロリ12滴、ゼラニウム12滴、ベルガモット9滴、マンダリン9滴、クラリセージ6滴（私は100gのディフューザーを作るために、この10倍の容量で作成しています）

＊ルームスプレーの作り方

・スプレー瓶

私はプラスティックの使用をなるべく減らすようにしているので、ガラス製のプラントスプレーを使っています。置物としても楽しんでいます。

・蒸留水

・ウィッチヘーゼル（ハーブとして使われるもの。ネットでも購入可能）

・好みのエッセンシャルオイル

容器の3／4に蒸留水を入れ、1／4程度ウィッチヘーゼルを加え、エッセンシャルオイルを好みで20～40滴加えます。

私は250gの容器を使い、ラベンダーやローズのエッセンシャルオイルを使っています。

必ず振ってから使用するようにしてください。

部屋やベッドリネンにスプレーすると、ほのかな香りが漂います。

小畠のスプレー瓶

7 天井や床の「広い面積」は、こう手を入れる

天井や床、壁紙は範囲が広いので、お部屋の印象を決める大きなポイントになります。簡単に、とはいきませんが、上級者への住まい作りとして、天井や床のアレンジをぜひ参考にしてみてください。

・コーニスとコーヴィング――壁と天井の境目を「無難」にしない

コーニスやコーヴィングとは、英国インテリアの特徴的なもの。いずれも洋風の建築で、壁と天井の境目に帯状に付けられた装飾を指します。凝った彫刻が入っているコーニスに対して、コーヴィングはC型のカーブの入ったシンプルなデザインです。

この装飾によって、天井と壁がキレイに合わさっていなくても、そのギャップを覆

う役目を果たし、部屋のデコレーションとしても親しまれ、デザインと形状によって、部屋を大きくも小さくも見せることができます。

古い建物の部屋は、必ずしも正確な正方形や長方形の形をしていないため、コーニスやコーヴィングを使用することで、キレイに合わさっていない部分を隠すことができます。

持ち家やマンションでも天井にコーニスを取り付けることは可能です。

・シーリングローズ――「私の好み」をこう生かす

シーリングローズ（シーリングメダリオンとも呼びます）は、シャンデリアやペンダント照明が取り付けられた天井にある円形の装飾を指します。

◆ コーニス

友人・カイルのコーニス。
さりげない上品さが部屋を包みます。

昔は重い石膏で作られ、重厚感があり、伝統的な雰囲気が漂っていました。今でも石膏を使用することはありますが、最近ではポリスチレンやポリウレタンなど、軽い素材で作られたものは取り付けやすく、石膏のような重厚感はありません。お値段はお手頃なので、このタイプも普及しています。

◆ シーリングローズ

小畠のシーリングローズ。ディマー（明るさ調整）付きのシャンデリアに焦点がいくよう、あまり派手すぎないものを選びました。壁にはコーヴィングをあしらい、壁と天井の境目をキレイにしています。

・フローリング――「敷くだけ」の床材でも可能

英国では絨毯だけでなく、木材の美しさを生かしたフローリングのある住まいが増えてきました。

見た目が美しいというだけでなく、丈夫で長持ちし、コストパフォーマンスもいいオーク材（堅く重厚感があり、傷つきにくく腐りにくい木材で、木目が美しい）は根強い人気を呼んでいます。

日本の賃貸物件でフローリングやタイルを張り替える場合は、管理会社や大家さんに相談する必要があるでしょう。

ですが、原状回復の義務があるため、クッションフロアシートやフロアタイルなどを用いてもいいでしょう。接着剤や釘を

◆ フローリング

友人・リズのフローリング。ツィード生地のスーツでもよく見られるヘリンボーン柄のフローリングは、上品で贅沢感を漂わせます。

使わずに設置できる「敷くだけ」の床材を利用することで、床を傷付けることなくDIYでフローリングを変更することができます。

・タイル――廊下、台所だけではなく、バスルームにもタイルを敷く

英国では玄関までの通路や廊下、台所にはタイルがよく敷いてあります。白と黒、または赤と黒などの組み合わせのタイルをよく見かけますが、もちろん無地のものもあります。

1970～80年代は絨毯が普及し、寒さしのぎにもなることから、バスルームにまで絨毯が敷かれた家が多く見られました。

現在では絨毯のあるバスルームは消え、木材のフローリングやタイルに代わっています。

◆ タイル

友人・リズのバスルームのタイル。花柄の入ったキレイな模様入りのタイルも、見ていて楽しいというだけでなく、清潔感があります。

・壁紙——洋画に出てくるような壁紙で、より海外っぽいインテリアに！

洋画を見ていると、よく壁紙におしゃれな模様をあしらっているお部屋が出てきますよね。

「素敵な柄のある壁紙に囲まれたお部屋に憧れる！」という方もいると思います。

壁紙を張り替えるなんて大掛かりな工事になる……と思われるかもしれませんが、最近では、賃貸マンションでも壁紙を張り替えられるように「剥がせるシールタイプの壁紙」や、「剥がせるのり」を使用して壁紙を貼ることもできるようです。

ぜひ、好きな色や好きな模様の壁紙に変えて、より「自分らしい部屋」にアレンジしてみてくださいね。

◆ 壁紙

友人・カイルのゲストルームの壁紙。落ち着きあるグレーの壁紙と合わせて、ドアのフレームもグレーに塗れば、いっそう心地よさがアップ。

8　トイレ、蛇口など、水回りも、「自分流」が大事

同じ小物でも、どこに、どのように、どれだけ置くかによって、お部屋のイメージはガラッと変わるもの。

水回りであっても、それは同じ。

自分好みの小物を住まいに取り入れることで、生活に潤いが生まれます。

・トイレ——同じ色で統一性をはかる

英国では、トイレの蓋や便座、トイレットペーパーホルダーにカバーはつけず、トイレマットも見かけません。洗濯の必要はなく、掃除がラクで衛生的です。用を足す部屋だからこそ、心地よく過ごしたいものです。壁にお気に入りの絵や鏡をかけ、肌触りのいいタオルをかければ自分風の空間が生まれるでしょう。

トイレブラシとサニタリーボックスをおそろいの色にし、ディフューザーや花を飾ることもできますし、棚を設け、好きな本を並べたり、時計や小物を飾ることだってできます。

限られた空間の中でも、自分らしい工夫をしてみるのは楽しいものです。

英国では、1階の空いた空間、特に階段の下を利用してトイレを設ける家庭がよく見られます。

我が家にも階段下にトイレがありますが、デザイン性に欠けていて、いくら掃除しても薄汚く感じました。

そこで私がデザインを考案し、予算を打ち出し、主人も同意した上で、ほかの修理をお願いしていた便利屋さんに内装を変えてもらうことにしたのです。

家全体のインテリアと調和するヴィクトリ

◆ トイレ

小畠の階段下のトイレ。狭いトイレですが、気持ちよく使えるようになり、私は大満足です。

ア朝の雰囲気を出すために、パネリング（壁のはめ板）で露出したパイプを隠し、落ち着いたオリーブグリーン色で壁を塗り、小さな洗面台や鏡、便座をオンラインで見つけ、額を壁に掛けました。

このトイレを利用して、「Oh lovely!（わあ、素敵）」なんて褒めてくださるお客様がいらっしゃると、リフォームした甲斐があったと嬉しくなります。

・水回りのアクセサリー――蛇口も自分仕様になる

今は、ひとつの蛇口で温水と冷水の両方を出すのが当たり前ですが、温水と冷水を別々の蛇口にして、昔ながらの蛇口を再現させるスタイルもあります。

ネットショップでも、好みの蛇口をひとつずつ購入することができま

◆ 水回りのアクセサリー

友人・エテルの蛇口。ネットショップで売っているもので代替可能。

すが、賃貸でも、事前に大家さんや管理会社に連絡を取り、蛇口を取り替えていい場合は、このようなアンティーク風のものを取り付けてもいいでしょう。

温水と冷水で個別の蛇口を取り付ける場合は、洗面台にもその蛇口を通す2つの穴があることを確認してくださいね。

・バスルーム――タオルとマットをおそろいに

バスルームで楽しめるものにバスタブの上に置くバスキャディーがあります。その上に石鹸、ボディブラシ、バスソルト、オイルなどを置けば、キレイな収納スペースとして活用できます。

第1章で触れた通り、英国人は柔らかい照明を好むので、ディマーで照明を暗くしたり、ティーライトキャンドル（薄い金属製やガラスのカップに入ったろうそく）を浴槽の周りに灯してリラックスする人もいます。火のもとには要注意です。

バスタブが狭くてもリラックスできる

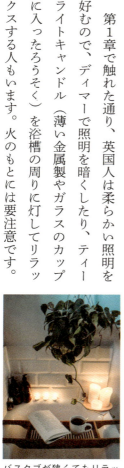

英国豆知識コラム5

ひとつの大きなリビングルームに

One large front room

最近では部屋をオープンプランにすることが好まれ、開閉可能な壁やガラス戸に変えることで、臨機応変にひとつの広いリビングルームにしたり、仕切って別々の部屋として使うお宅があります。

英国では家の外観を変更することには厳しい規制がありますが、家の中については、家の構造を損なわない限り、間取りを変えることがしょっちゅうおこなわれています。

友人・フィオナのリビングルーム。リビングルームとの間に、開閉自由なガラスの仕切りを取り付けることで広くなっています。

第 5 章

英国の自宅を拝見！
こんなふうに
住まいを楽しんでいます

~ Introducing my friends and their homes ~

この章では、これまでにも登場した、英国で暮らす私の友人たちの住まいをご紹介します。

実際の暮らしをご覧いただければ、どんな工夫がなされ、どのようにして自分らしい住まいを築いているかが一目でわかると思います。

それぞれインテリアは異なりますが、どの住まいも愛情と心地よさに包まれていることが伝われば、とても嬉しいです！

❶ フィオナのお宅

――購入後、お気に入りに全面リニューアル！

庭も家の一部!
すべて自分好みにアレンジ。

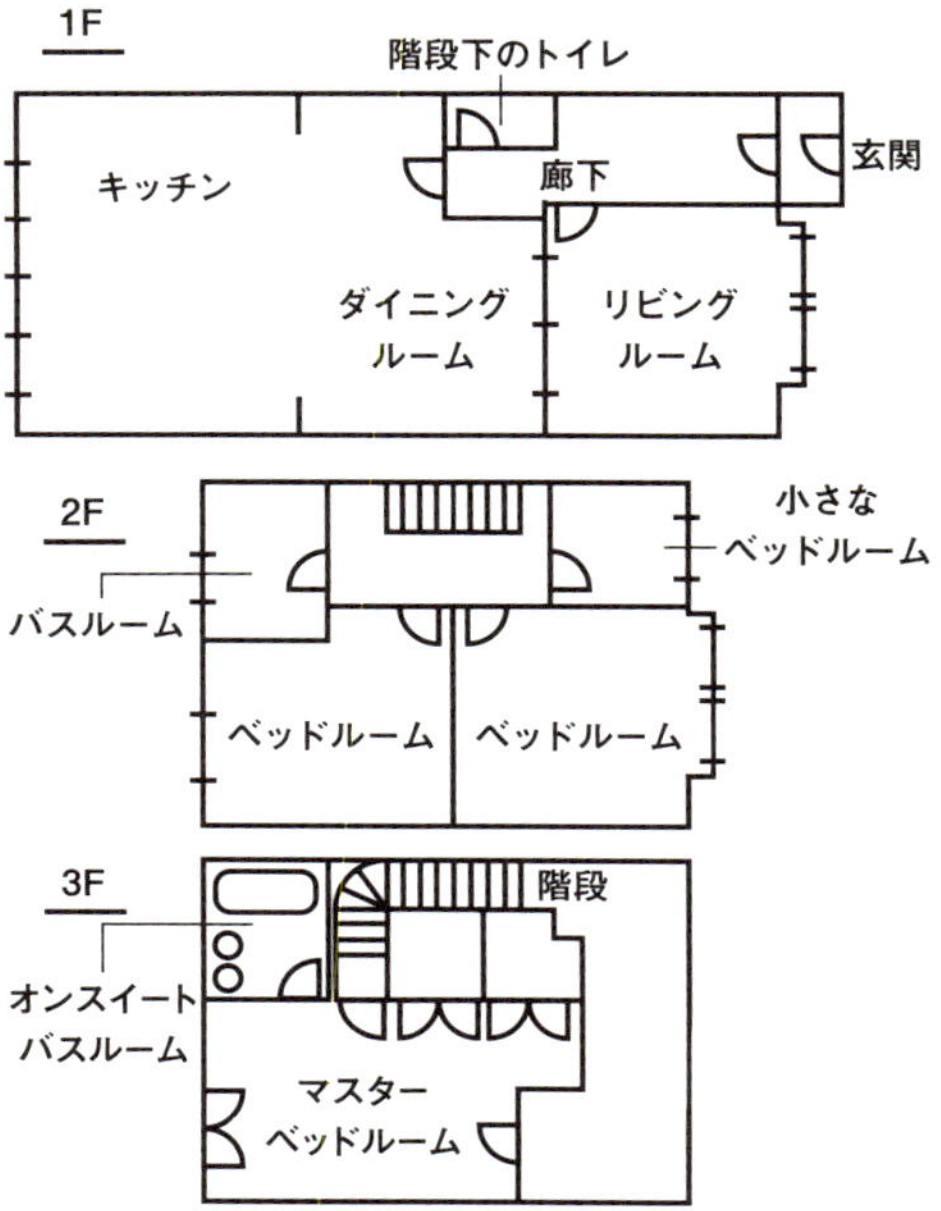

- 家族構成：フィオナ、ご主人、２人の息子さん、犬１匹、猫１匹、金魚
- 建てられた時期：19世紀後半
- 種類：テラスハウス
- 面積：167㎡（庭の奥にあるガーデンルームを含む）
- パーソナルブランド：楽しい・好奇心旺盛・居心地いい

友人・フィオナの自宅外観。

友人・フィオナは、子供が生まれたことをきっかけに、広い庭付きの家を探しました。

気に入った家とはいえ、それまでは賃貸物件で、1970年代からまったく手をつけていなかったのでは……と思える有様だったそうです。

そこで建築士の助けを受けて、屋根裏部屋を設け、台所を新しいキッチンに建て直しました。さらに階段下のトイレを設け、すべての電源や水道管も取り替え、フローリングやカーペットも新しく取り替えました。

「居間にある暖炉とシーリングローズのみがオリジナルとして残っているのかもしれない」と話すフィオナ。

フィオナの家の「Wow!」は何かといえば、玄関から裏庭まで見えるように廊下のドアをガラス張りにして、「外」を「中」に取り入れたこと。

ガーデンルームで自然素材を使った絨毯を作るフィオナ。図柄から自分で描く彼女のラグはとっても素敵。instagram:@rykadesign では彼女の作品を見ることができます。

農場育ちのフィオナは、農家でよく見かける大きなテーブルでみんなをごちそうしたくて、このテーブルをはじめて特注で作ってもらいました。

居間とキッチンとの境の壁も取り除き、ガラス張りのバイフォードドアを導入。キッチンには大きな天窓を付け、裏庭に面してガラス張りのバイフォードドアも取り付けたので、家の中からガーデンが見え、庭が家の一部のようです。

美しい花々に囲まれた景色が心地よく、
毎日が一段と楽しくなったそう。

天気のいい日は庭でティーパーティー
も。下はフィオナのおばあさまの
ティーカップセットです。

❷ リズのお宅

「暮らすなら気持ちよく」をとことん追求

大掛かりな工事も自分のため。
大好きな小物に囲まれる毎日が宝物。

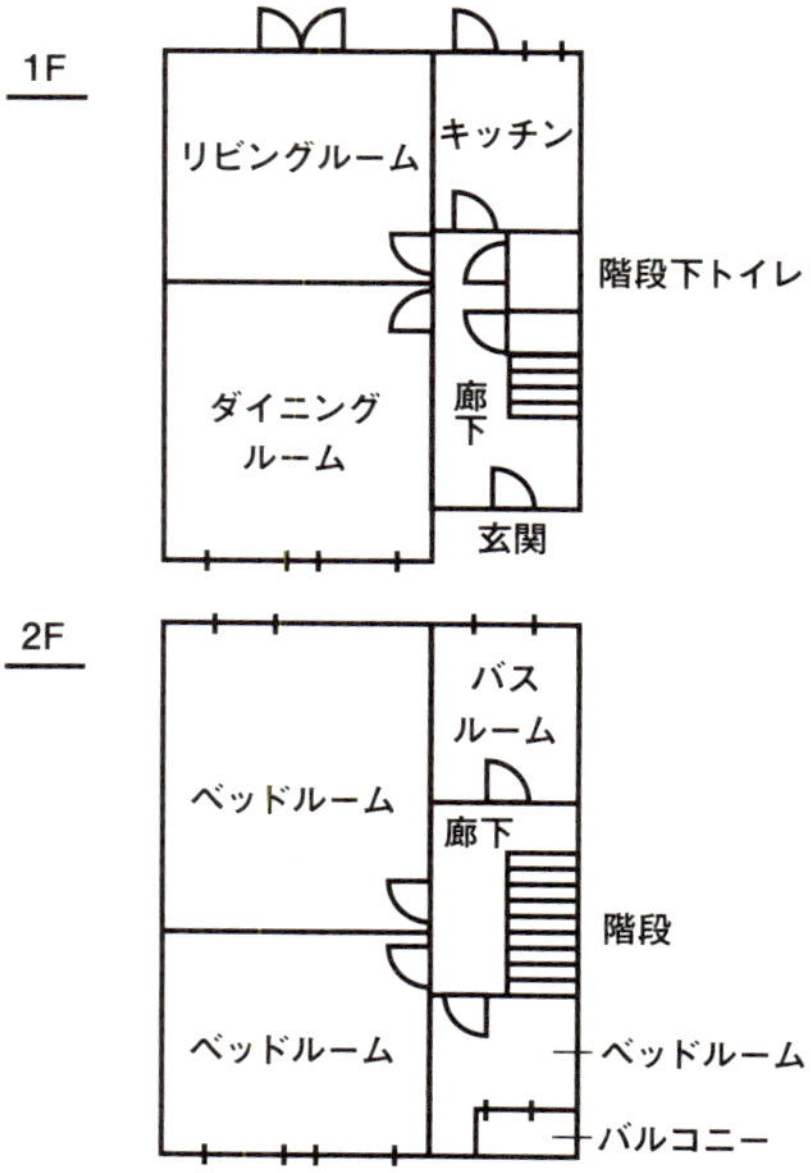

- 家族構成：リズ
- 建てられた時期：1910年
- 種類：テラスハウス
- 面積：150㎡（3LDK）
- パーソナルブランド：伝統的・思わず笑ってしまうおかしさ・語り部

友人・リズの自宅外観。

リズは、ご両親がお亡くなりになり、思い出の詰まったこの家に、自分が再び住むことにしました。
長年、家のメンテナンスがなされていなかったため、伝統的な家造りに興味のある職人さんと相談し、数年前から何段階かにわけて改装したのです。
リズの「Wow!」は、とてもかわいい家で、個性的な特徴がたくさんあること。

「こんな大きな家に1人で暮らし、譲る子供もいないのに、今さら大掛かりな改装をするのはどうかと悩んだけれど、暮らすなら気持ちよく暮らそうと決めたのよ」と語る彼女の言葉が心に響きました。

私は彼女と知り合って25年経ちますが、この家に暮らし始めた彼女の笑顔を見れば、幸せであることが明らかです。

猫と亀と鶏の形をしたエッグスタンド。
見ているだけでほっこりしますね。

昔から玄関を美しく彩るティファニーランプと三角形のクローゼット。

家族で使っていたものや、大好きな猫やカメ、馬の絵画や置物など、どんなに些細なものでも彼女にとって大切な意味があります。

だからこそ自分の好きなものに囲まれたこの住まいは、彼女に大変似合っています。

生まれ育った家に戻ってきた理由のひとつはご両親も好きだったガーデニングが楽しめるから。

お母様が好きだった猫の額をベッドルームに飾って。猫好きはお母様譲り?

③ みゆきさんのフラット

憧れだったホテル風の空間が親子にとって心地いい

差し色を上手に使い、居心地よく。
安心感があるのが一番いい。

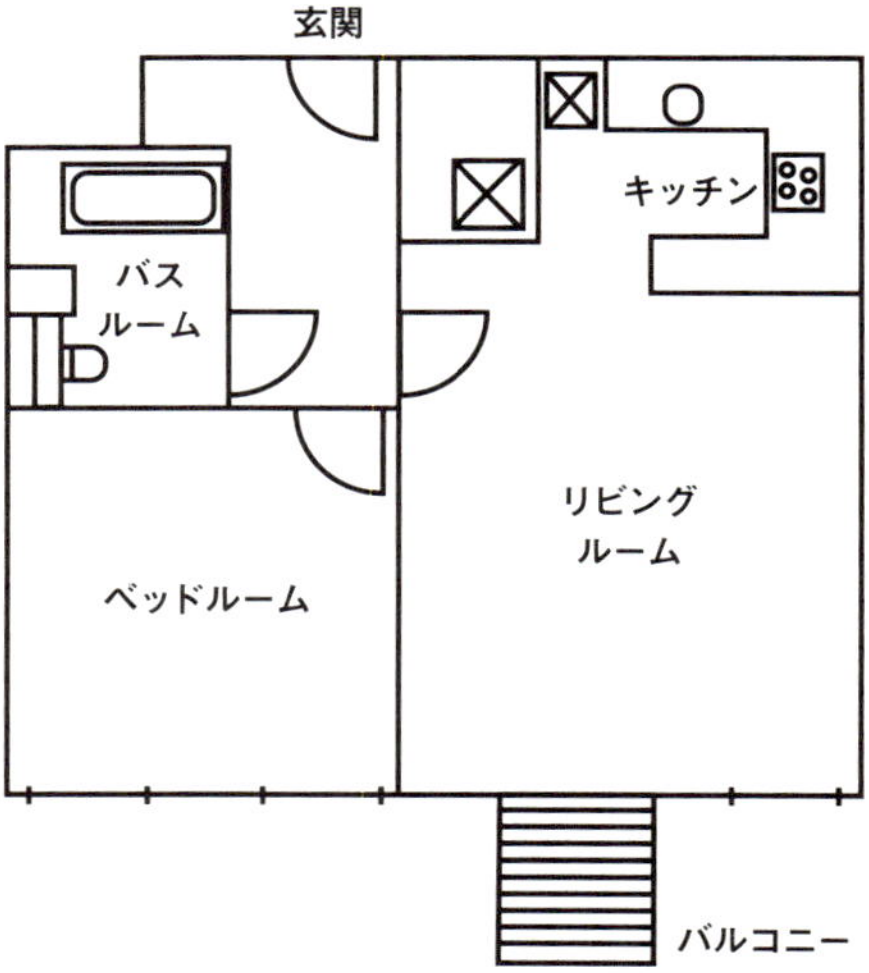

- 家族構成：みゆきさん、息子さん
- 建てられた時期：2017年
- 種類：フラット
- 面積：61㎡（1LDK）
- パーソナルブランド：モダン、スタイリッシュ、ハッピー

みゆきさんのフラットの外観。

ＯＬ兼インスタグラマーのみゆきさん。instagram:@miyuki.london ではガイドブックにないロンドンの魅力を紹介しています。モダンでスタイリッシュなホテルやカフェ風のインテリアを求めていたみゆきさんですが、大人にも子供にも居心地のいい環境であることを念頭に置きました。

部屋の中でもリビングルームがお気に入り。壁もピアノも白ベースのゆったりした空間で、仕事用の机も椅子も、Ｌ字型のソファベッドと調和した生成りの色と素材を選んだので、統一感があります。

何より、このマンションには、コンシェルジュが備わっている上、フレンドリーで隙間時間に息子さんと遊んでくれるなんて、こんなに安心できることはないですね。

みゆきさんの「Wow!」は、観葉植物が多く、オアシス的な空間にあります。ターコイズ色のキッチンカウンターの椅子がとても気に入っているそう。

寝室には、ホテルにあるような大きなベッドを置き、息子さんも居心地よく過ごせる部屋になるよう、テントや玩具箱も置いています。

信頼できるコンシェルジュがいるから、とても安心。

ターコイズ色のキッチンカウンターの
椅子がとてもおしゃれ。

「作りたかった家のスタイルが整い、こだわりを持って選んだものに囲まれて暮らしているのでエネルギーがいいです。守られているようで安心感があり、常に心が落ちついた状態でいられます」と語るみゆきさん。

まさにみゆきさんに似合った住まいに暮らしています。

子供との時間
も、ゆったり
した空間で。

④ カイルのお宅

手間をかけた分、ずっとここにいたくなった

自分の家は「she（彼女）」だから、
家と相思相愛になる。

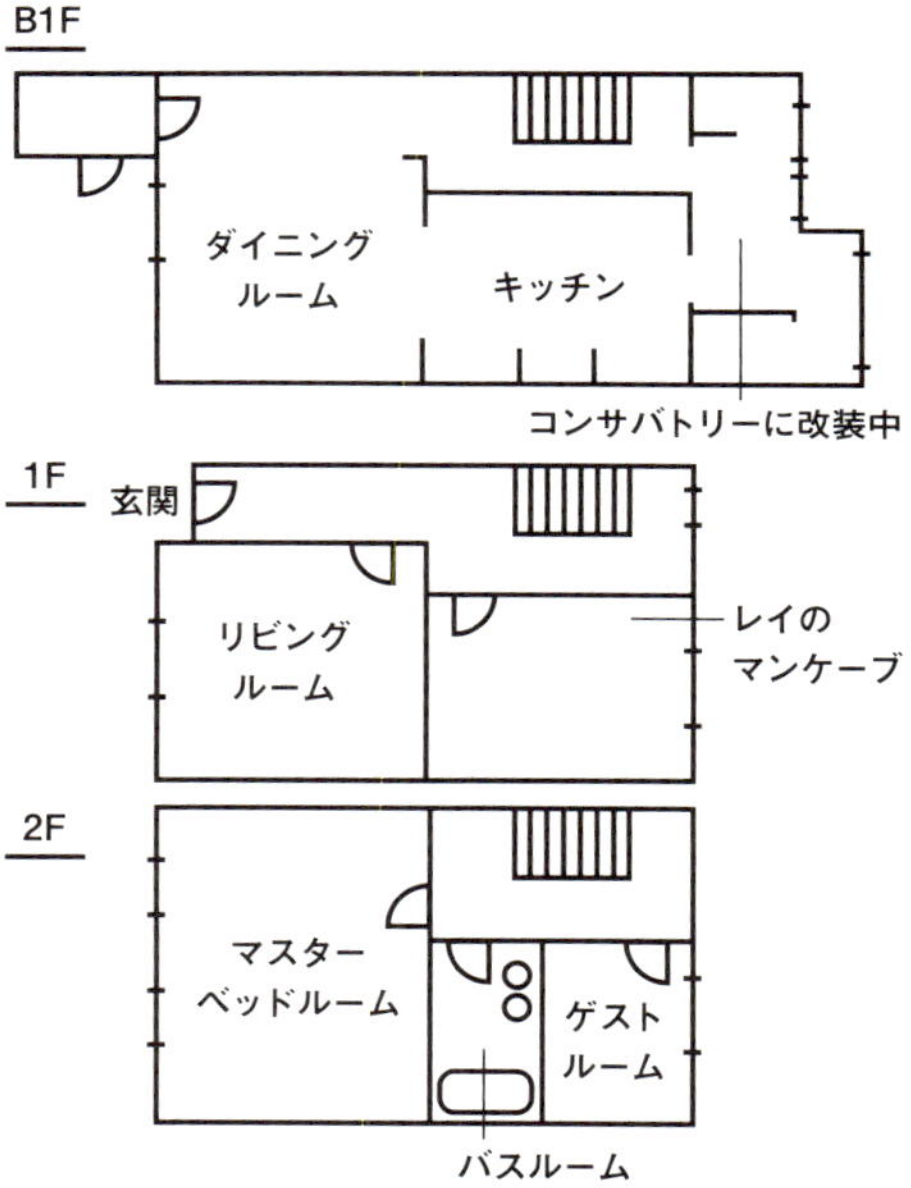

- 家族構成：カイル、レイ、猫３匹
- 建てられた時期：1902 年
- 種類：テラスハウス
- 面積：115㎡（3LDK）
- パーソナルブランド：クリエイティブ・とことん完璧を追求・伝統を重んずる

ロンドン郊外の街に、6年前に引っ越してきたカイルとパートナーのレイ。庭付きの古いピリオド物件（第一次世界大戦前に建てられた物件）を探していて、屋根裏部屋を含めれば4階建て。

ダイニングキッチンのみがオープンプランで、各部屋が個室になっている構造が気に入ったそうです。**壁紙やパネル貼り、ペンキ塗りから絨毯敷きまですべて、2人のアイデアと労力の賜物です。**

美しいアンティークやヴィンテージ家具は、ほとんどeBayで入手したものばかり。

「わざわざ高額なお金をはたいて、感動しないものや模造品は買わないほうがいい」と語ります。

カイルの住む街。

古い家は歪んでいたり個性があって、必ずしも思い通りに行かず、何度も失敗したから「she（彼女）」に耳を傾けないといけないことを学んだ、と語るカイルです。

壁紙はカイル、ペンキ塗りはレイが担当で、壁に飾る絵の色のトーンに注目することが大切だと話してくれました。

茶道を教える資格を持つカイルは屋根裏部屋を茶室に改装し、お客様にお茶を点て、お茶の道具を入れる仕覆《しふく》は紐まで手作り。「袋師」という名を授かりました。instagram:@studio_shifuku で彼の仕覆の作品が見られます。

前ほど外出をしなくなったという2人。

というのも、この家や庭で過ごすと心地よく、友人たちと外で会うよりも、うちへ呼ぶほうがよっぽど気分がいいそうです。

庭のひとときもお気に入り。ときには友人たちを招いて過ごしている。

カイルがチャチャッとこしらえてくれたランチはすごくおいしかった！

❺ エテルのフラット

古きよきものと、趣味とスタイルが調和している

なるべく広く、上品に、
白を基調にしてまとめている。

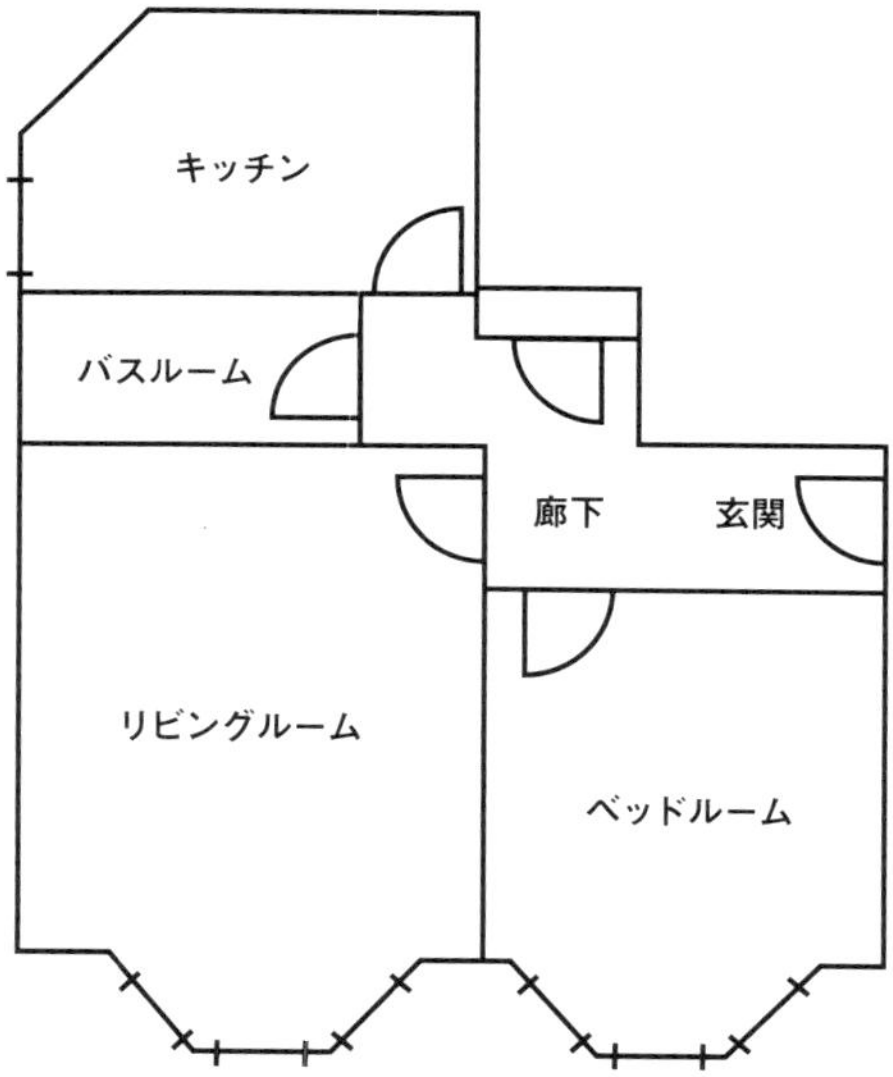

- 家族構成：エテル、ご主人のフィル
- 建てられた時期：1905年
- 種類：フラット
- 面積：51㎡（1LDK）
- パーソナルブランド：エレガント・スタイリッシュ・美しい

エテルのフラットの外観。かつて英国の小説家・E.M. フォースターも住んでいたので、正面玄関に彼が住んでいたというブループラーク（青い丸いマークに白字で書かれたマーク）があります。

2人にとってロンドンは数々の美術館があり、文化の真髄ともいえる大好きな都市です。

子供たちや孫たちもロンドンに住んでいて、フィルの通勤にも便利な上、カントリーハウスに向かう高速は近く、ブラジルにもある自宅へ飛ぶヒースロー空港にも行きやすい立地条件です。

共有の廊下や階段、窓は、今でもすべてオリジナルの手すりやタイルやステンドグラスが健在です。

12年前に購入したフラットですが、最近、アールデコやアールヌーヴォーの家具を基調にモダンなインテリアにまとめることで、このマンションが建てられた時代を反映させつつ、自分たちの趣味とスタイルを調和させています。

エテルのフラットの「Wow!」は、世界で最も美しい都市であるロンドンの中心にいながら、最寄りにゆったりとした公園があり、ヴィレッジ（小さな町）のような感覚があって、両方を楽しめること。

ぐっすり眠れそうな、落ち着いた色でまとめた美しい寝室。

1905年に建ったときから存在する共有廊下の美しいステンドグラス。差し込む日差しが心地いい。

部屋を広く見せるために壁は白く塗り、家具で色を楽しむことにしたそうです。2人の望む空間にした上で、エレガントでスタイリッシュな、美しい住まいを実現させました。

エレガントな居間でくつろぐエテルとフィル。

シンプルかつスタイリッシュなキッチン。

⑥エテルのカントリーハウス

——広大なカントリーハウスは、英国人の憧れ

夢のような空間を、すべて
自分たちで作り上げた。

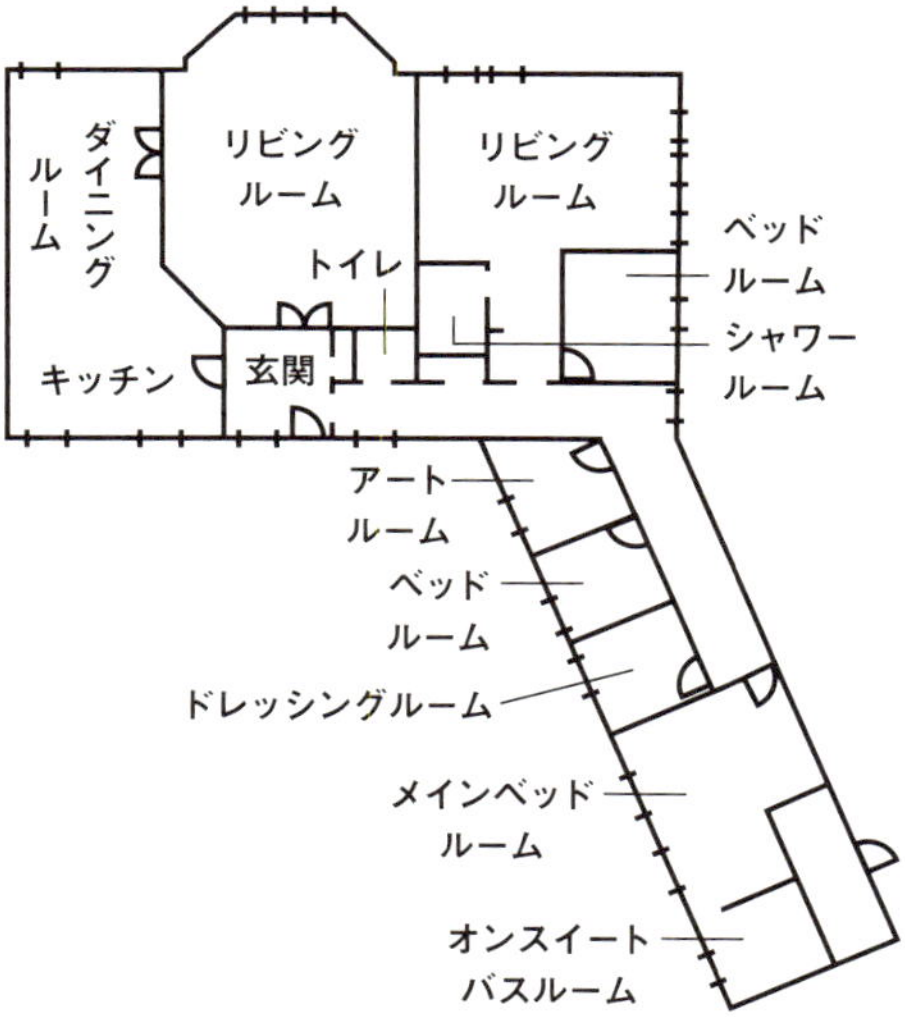

■家族構成：エテル、ご主人のフィル

■建てられた時期：1899年

■種類：カントリーハウス

■面積：325㎡

■パーソナルブランド：エレガント・スタイリッシュ・美しい

エテルのカントリーハウスの外観。

前ページでご紹介した、エテルとご主人のフィルはイングランドのウェスト・ミッドランズにある都市ヘレフォードにカントリーハウスを持っています。この街でフィルは生まれ育ち、ご両親は現在も近くにお住まいです。

1899年に建てられた325㎡のゆったりした住まいは、1994年までセントメアリーという精神科施設だったという歴史があります。

当時は広大な敷地に200人の患者が暮らし、その周りは40ヘクタールに渡る庭園や農場やコテージが点在していたようです。

現在でも裏庭の向こうに鹿公園があり、鹿がたたずむ姿が見える、落ち着いた環境にあります。

エテルとフィルがこの家を買うことを決めたのは、21年前だったそうです。工事を要する以外はプロを頼まず、家の内装からガーデニングまで、すべて2人で相談しながら築き上げたお宅です。

もともと寝室が4つありましたが、そのひとつをエテルのドレッシングルーム（メイクと着替え室）にし、バスルームのひとつを彼女の大好きな油絵を描くアートルームに変えました。

玄関に一歩入ると、居間の窓から、果てしなく広がる緑が見えて、開放感があります。

英国流《えいこくりゅう》「自分《じぶん》に似合《にあ》う」住《す》まいの作《つく》り方《かた》

１人の時間も、みんなとの時間も、豊かで楽しい

2025年1月31日　初版発行

著　者……テート小畠利子《こばたけとしこ》

発行者……塚田太郎

発行所……株式会社大和出版

東京都文京区音羽1-26-11　〒112-0013

電話　営業部03-5978-8121／編集部03-5978-8131

https://daiwashuppan.com

印刷所／製本所……日経印刷株式会社

装幀者……菊池祐

ISBN978-4-8047-6450-4

イクスピアが暮らしていたそばにある St Helen's Bishopsgate の Anson をはじめ、多くの方のご協力があってこそ、この本を書きあげることができました。

インテリアデザイナーの島村知子さん、齋藤洋子さん、そして Balance & Rhythm の Liz のお陰で日本と欧米の黄金比の違いが明確になりました。

お宅訪問を快く受け入れてくれた私の友人の Etel & Phil, Liz, Fiona, Kyle & Ray とみゆきさん、そしてかわいいフラワーアレンジメントを造ってくれた友人の Elaine にも心から感謝しています。

何よりも大和出版の編集者、葛原令子さんには最後まで懇切丁寧にサポートいただきどうもありがとうございました。カメラマンの Angela は、「No problem!」といつも笑顔で対応してくれ、楽しく仕事ができました。

最後に、執筆に専念できるよう協力してくれた主人と愛犬に "Thank you. David and Yorky."

テート小畠利子（Toshiko Kobatake Tate）

おわりに——お気に入りがひとつ増えるたび、日々の生活が潤っていく

本書を最後まで読んでくださり、ありがとうございます。

大学の卒業旅行で初めて英国の土を踏み入れたときから、私にとって英国とのラブストーリーが始まりました。歴史や古い物を大切にする英国人の考えに魅力を感じ、それ以来、埃っぽいアンティークショップに通うのが楽しみになりました。

ボロボロに見える古い家具も、磨いたり張り替えることで、見違えるほど美しく変身するもの。**その変化にハマり、お気に入りのものがひとつ、ふたつと増えていくたびに、日々の生活に潤いを与えてくれる気持ちになったことを鮮明に覚えています。**

さて、Jane Austen's House の Sophie, The Shakespeare Birthplace Trust の Anna, シェ

大変ゆったりとした大きな家ですが、どの部屋もエレガントでスタイリッシュ。とても居心地のいい空間で、まさにお2人にお似合いです。

エレガントで美しいエテルたちの居間。

エテルのドレッシングルーム。カラフルな色がアクセント。